ROSEN CARVALHO

MENSAGENS PARA AJUDAR VOCÊ A PENSAR

IGREJAS

A procura

ÍNDICE

ANTES DE MAIS NADA, ANSEIO EM
DIZER-LHES QUE NÃO ESTOU AQUI
PARA FALAR MAL, NEM BEM DAS
IGREJAS, E NEM TÃO POUCO DAS
RELIGIÕES. APENAS RELATO
MINHAS PASSAGENS POR ALGUMAS
DELAS, E MEUS CAMINHOS ANTES
DE SER EVANGÉLICA E TENTAR
SEGUIR JESUS CRISTO E ACEITAR A
NOSSO PAI QUE É DEUS, E TENTAR
SEGUIR VERDADEIRAMENTE OS
ENSINAMENTO DE JESUS CRISTO,
NOSSO IRMÃO. COM A FORÇA DO
CORAÇÃO E A SABEDORIA DO
ESPÍRITO SANTO DE DEUS.

DEDICATÓRIA

Dedico este livro aos meus dois filhos e meu DEUS, por eles serem a motivação da minha vida, e aos leitores, que elas consigam intender a real intensão desta mensagem, fazendo com que a ajudem, a se relacionar melhor com sua fé e com o Cristo e o Espirito Santo de Deus que estão dentro delas.

Capítulo 1

S.O.S. VIDA

Se eu fosse uma viciada, desesperada, homicida, e quisesse sucumbir com minha vida Tinha morrido! Pois eu estava mesmo precisando de uma palavra amiga ou mesmo uma palavra espiritual de um pastor cheio de amor, pelo o irmão. Bem no momento da minha dor liguei para a igreja Renascer que me evangelizou pela tv e que eu estava pagando um carnê de um voto que fiz com Deus, e nada de me atenderem, "eu deixei até recados para me mandarem outro carnê, pois estava terminando o outro carnê e eu queria mais um, o programa era ao vivo e mandava ligar para adquirir o carnê. Nessa época eu estava de cama por causa de um acidente que tive na volta para casa na manhã de sábado de carnaval **em 2009**: quando cheguei no ponto de ônibus já no meu Bairro Boca do Rio, desci e de repente o ônibus que eu estava arrastou bem na hora que passei em sua frente, ele estava parado e não olhou que eu estava passando. Eu cair no chão quebrando a minha bacia, não sabia que tinha quebrado a bacia, pois não sentia dor na hora, só não conseguia levantar, chamaram a

SAMU e me levaram ao quinto centro, "**o pessoal da samu me achou engraçada por que eu disse que não tinha nada e estava ocupando o lugar de um acidente mais grave, mesmo assim me colocaram na plancha para averiguarem, a Samu é de Deus**", quando cheguei lá no hospital o médico não fez nenhum exame e me deu uma injeção de glicose dizendo que eu estava bêbada, (**eu tinha bebido no início da noite e andei da Ondina até o Rio Vermelho a procura de um transporte, isso já era umas 9:00hs, ele pode ter sentido o bafo, mas só isso, quem não bebe sente logo, porque eu não estava nem tonta**), sem poder andar me arrastando, me queixava da bexiga que doía muito, ele me mandou ir ao banheiro, me colocaram na cadeira de rodas, me levaram no banheiro e depois me levaram lá para fora, depois chamei alguém e eles disseram que era para eu ir embora que não tinha nada mais a fazer, pedir para me levar na portaria, levaram e deixaram-me lá sem saber o que fazer, não avisaram a ninguém da minha família, eu sem celular não sabia o que fazer, sem andar e com dor na bexiga. Eu não tinha plano de saúde nem dinheiro, para ir em outro médico e fiquei a pensar ali só conversando com Deus, finalmente uma senhora que era paciente e já ia para casa, me ajudou e chamou um táxi lá fora. Eu cheguei em casa, e tudo ficou bem, fiquei em cima da cama me recuperando do tombo, assim era o que eu pensava, mas as dores só aumentava a cada dia, passei doze dias sem fazer nada e vi logo que não dava para andar, mas mesmo assim eu ia ao banheiro me arrastando; ia tomar banho; ia fazer minha comida tudo me arrastando pelas paredes, tudo para não incomodar ninguém, minha mãe estava comigo e minha irmã também, mas eu não gosto de pedir a ninguém nada só a Deus e a Jesus. Eu não quis saber de ajuda do meu namorado e briguei feio com ele, e ele também nunca me ajudou em nada nem financeiramente, nem em nada só transa. Ele não tinha me levado para o carnaval e ficou dizendo que estava trabalhando, só mentindo, pois vi que estava era drogado e bebendo neste dia. Eu era louca pelo o carnaval e não aceitava essa desculpa, pois o trabalho dele nunca me ajudou e já estava mais lá em casa do que na casa dele, a semana toda eu trabalhei de costuras e já era sexta-feira de carnaval não tinha saído ainda para nada, só esperando por ele, "eu era louca por carnaval, gostava de dançar". No dia eu esperei, esperei e nada dele chegar, o telefone só dava ocupado fora de área. Ele estava sempre bebendo e usando drogas na sua rua e me esquecia aqui em casa sozinha para fazer tudo, "se não fosse minha querida irmã surda-muda e minha querida mãe para me ajudar eu estava frita", nesse dia já era 23hs e nada dele chegar, veio em casa 19:hs quase que não acreditei, meu coração pulou de alegria mais ele deu a desculpa que estava trabalhando como sempre, disse que ainda estava no serviço, serviço esse que sempre foi bico, não empata de ele largar e vim me fazer esse carinho. Então ele disse que veio só pegar uma ferramenta e voltou para lá prometendo que já vinha para a gente ir, e que era só um parafuso e um vazamento no ar condicionado. Deu 20:00 e nada, 21:00 e nada, 22:00 e nada, ligava no celular e ele como sempre dizia eu **tô chegandoooo,** todo alegre e feliz de se drogar, ou o celular dava fora de área, eu já estava bebendo cerveja também em casa só esperando ele, indignada com sua falta de compromisso, "ô sofrimento, isso era para me, sentia ódio com esse tô chegando, eu fui acostumada a cumprir compromisso e a cumprir horários rigorosos por causa do meu outro marido, que já faleceu, ele era pontual e muito responsável, e Daniel que é o atual é assim, isso me faz muito mal, essa espera foi o pivô das minhas mazelas", a pior fase da minha vida e olha que eu tenho tudo na vida sou independente, e pago todas as minhas contas e as dele, agora imagina as mulheres que não tem dinheiro e ficam em casa sem dinheiro e sem marido e com as crianças chorando sem ela poder sair ao um lugar, para passear para distrair a mente e as crianças, por falta de grana, imaginaaaaa! E ainda ouvindo isso deles, todos os dias da vida, é de enlouquecer, eu Bebia em casa até ver que ele não chegava e depois saia como uma louca, para dançar, esse era meu robe, saia quase sempre só, e lá fazia amigos de balada, eu bebia em casa já na intenção e dando o prazo na mente para ele chegar, e quando vencia o prazo eu me mandava já com destino certo na noite, quando meu ex morreu tudo mudou e comprei um carro usado para ele, e coloquei no nome dele para ele trabalhar, só que nunca tinha retorno e o carro foi quebrando e eu comprando as peças para não ficar sem carro, pensando eu que ele iria chegar mais cedo em casa pois alegava isso também que com o carro ia trabalhar e ajudar em casa, a frase dele sempre era essa: "VOU DECOLAR", até hoje já quebrando o outro carro que é o meu novo zero, e nessa mesma conversa, ele foi do ano 2012/2013, já estar velho todo amassado e rasgado DECOLANDO COM DANIEL, e eu dentro com os dois filhos, quero ver o terceiro carro, na dancinha de Daniel, vou decolar, agora eu entreguei o carro a Jesus pois virei crente e ele nada de me acompanhar, quero é decolar com Jesus para ir ao céu, vou servir a JESUS CRISTO E DEUS PAI TODO PODEROSO E AO ESPIRITO SANTO DE DEUS, Se DEUS me der mais um carro vamos encher de fieis para irmos a igreja, e vamos louvar e exaltar a DEUS, Daniel dependia da carona dos outros, para chegar cedo em casa, e quando comprei o meu 1° carro, ele enchia o carro de tudo quanto é gente e ia aonde queria e eu continuava a sofrer com a frase "**Tô, chegandooooooo**". "sabe como é né, isso me matavaaaaaa a cada diaaaa?", **aguentei o máximo que minha alma aguentouuuuu.** Nesse dia de carnaval eu já estava pronta entreguei os abadás que reformei, já era 23:00 horas e nada dele chegar, me mandei só, tinha meu dinheiro e dele eu só queria a companhia como sempre, eu era independente, eu não tinha amigas, só clientes, mas nas festas eu arrumava muitas queridas e queridos, era massa, com o suor do meu trabalho, eu pagava cada fara e cada conta com a ajuda da pensão do meu filho mais velho, era mais que um salário mínimo, era bom mais apertado, *"fico triste de pensar como tem gente que ganha só um salário mínimo, é muito pouco com tanta gente a cuidar"*, sei que **o pouco com DEUS é muito, mas é pouco, não dar**

para quase nada, eu quando trabalhava antes de me casar com o meu 1° marido Julio, eu não ganhava nada ou ganhava a metade do salário mínimo, nunca assinaram minha carteira, só que o dinheiro era só meu, eu era jovem e não gastava com nada só com roupas normais, nada de marcas, nunca fui vaidosa, nunca precisei de salão de beleza, eu era loura, cabelos liso, magra e linda, me acostumei assim e até hoje não gasto de nada de salão de beleza e minhas roupas sou eu mesmo que faço, sei fazer a mais linda e sofisticada roupa, mas ando normal, não gosto mesmo da vaidade, é coisa minha, da alma".

Após quebrar a bacia Com 12 dias eu fui ao médico e quem me socorreu foi o posto emergencial da **Irmã Dulce,** muito bom, lá fizeram o raio x e viram que fraturei a bacia, graças a DEUS, e já conhecido posto. DEUS me ajudou mais uma vez e não precisei fazer cirurgia e foi indicado um repouso absoluto de 7 meses, (quem disse que eu ficava quieta), sempre orando e pedindo a DEUS ajuda, coloquei minha irmã surda-muda na máquina de costura e eu ia cortando as roupas sem conseguir direito, porque os movimentos do corpo estava duro, principalmente do braço, fazendo até um calo na mão, de tanto forçar, o braço porque tinha machucado também, estava sem forças e só apoiando numa perna porque a outra não conseguia movimentar. Chegaram até dizer que eu não iria mais andar, eu com medo forçava e ia andando pelas as paredes para não perder o costume de andar, "isso deve ter servido de fisioterapia", mesmo com dor, eu fazia isso e não me entreguei. Com isso eu comecei a assistir tv no quarto, ajudada por uma cliente que chama, "Marisa, que foi graças a ela que comecei a assistir no quarto a tv da igreja Renascer de São Paulo, não sei qual era intenção dela, se era me ajudar ou trocar por serviço, mais eu me sentir ajudada, depois ela sumiu por caso de uma blusa que tive de desmanchar toda, e fazer de novo 5 vezes, era um tecido bege e não dava para notar o lado a vesso, minha vista estava já cansada de tanto trabalhar nas costuras e realmente eu não via qual era o lado certo, mais ela mesmo me mostrou e me ajudou a vê o imperceptível, ela paresia até que já tinha sido da costura! Era da vontade de Deus, eu olhava e não via diferença, Tica olhava e não via nada, as outras clientes chegavam lá e eu pedia a opinião e elas me diziam é esse o lado, eu fazia novamente e a dona da roupa vinha e dizia não é esse o lado certo, esta errado! O tecido foi colocado do lado errado várias vezes, do avesso, todos olhavam e ninguém percebia o lado certo. "**As vezes na vida ficamos sem saber o certo e o que é errado, tem certo que é errado e tem errado que é certo, e só Deus é que sabe esse certo, pois o errado ao olho humano as vezes é certo para Deus, por exemplo: agora estou no caminho certo, e as pessoas dizem que estou doida, e doida quer dizer errada".** Claro que para refazer essa blusa não cobrei e aceitei que estava errada, fiz cinco vezes mesmo sem a paciência de Jó, porque minha paciência nunca foi como a paciência dele, "aquele da Bíblia", sempre foi curta, não tenho muita. Eu sempre estava cheia de serviços, graças a Deus, tive a idéia de desmanchar e chama-la antes de fazer novamente, e ficou no lado que ela disse estar certo, mas fiquei com medo de fazer mais roupas para ela, além do climão de chateação, da minha parte e da dela, eu profetizei até nunca mas costurar para ela e pedir até para parar de trabalhar, tanto foi minha chateação, "meu irmão, nunca mais nem vi essa criatura, e meu trabalho de costureira nunca mais foi o mesmo, logo Deus me deu condição de parar os trabalhos e hoje não consigo fazer nenhuma roupa, nem para me, tem 4 anos, minha irmã foi logo embora e eu fiquei só nas poucas costuras, aí fui desgostando e quando ganhei a herança do meu filho mais velho não precisei mais trabalhar, Deus me deu um bebê e fui cuidar dele, até hoje, eu não sabia que eu era uma profetisa e proferir isso tudo com muitas lágrimas nos olhos, hoje quero costurar mas não dar certo, sei fazer tudo ainda, meu talento não fui embora, mas sempre que quero começar as costuras dá tudo errado". Depois que ela comprou a tv, eu comecei a assistir os programas evangélicos, e fiz uma aliança com Deus, pagando um carnê, me recuperei da bacia e logo comecei a andar, com uns dois meses. Nessa segunda vez eu quis outro carnê, porque o 1º foi bom e eu queria repetir a doze, era baratinho e ainda dividido "**que oferta boa né? dividida sem juros**", eu já tinha voltado a vida normal e estava bebendo novamente, "eu só bebia cervejas", e fazia isso mais por causa das perturbações das brigas constantes com meu namorado que hoje é marido, "**só chegava bêbado e drogado, ainda bem que as confusões era nos finais de semana e meu lindo filho estava guardado com o pai "Júlio", bem longe da rua nossa, na segunda eu e Daniel com a cara mais lavada, estávamos juntos, nossa separação só durava uma noite ou mesmo uns segundo, quando o diabo entrava pela brecha que era a bebida, fazia o estrago e Deus entrava consertando** tudo, louco era aquilo, na semana eu estava costurando na máquina e meu filho mais velho no vídeo game, ia também no shopping jogar lá, ele amava isso até Daniel foi uns dias para brincarmos, e em casa já no outro apto vizinho da Boca do Rio, depois daí ficamos todos a mercê dos hereis da inveja como vou lhe relatar depois, nesse tempo tinha um pessoal lá legal era a Rosa e os meninos que brincavam com meu filho mais velho de jogos de internet, o pai do meu filho mais velho não gostava pois era prejudicial a saúde do menino, mas eu como mãe filha de Deus, e vendo ele com os amiguinhos feliz, pedia ao Júlio para dá os brinquedos que o menino queria, sempre saia um melhor e mais moderno a cada tempo e o menino queria, eu como estava enfiada na costura na semana e em Daniel no final de semana via tudo cor de rosas, finalmente eu estava vivendo uma felicidade, mas as bebidas e a dança era minha alegria, igreja lá e eu cá, só ia ajudar a irmã Marina materialmente, quase não ia lá nos cultos. Daniel nem se fala. Na minha casa era só alegria muita gente passou por lá nas festas, "faras, gente que nem conhecíamos dormia no nosso lado e Deus nos guardava de

tudo. Amém!", Um dia que eu estava angustiada, sozinha fazendo os bolos para a igreja da irmã Marina para ajudar na compra do piso, pois ela também estava sozinha e Deus tocou no meu coração para eu ajuda-la, mesmo eu ainda bebendo e sendo uma **ímpia, "gentio", que quer dizer na bíblia cheia de pecados e não aceitou Jesus como seu único Salvador.** Como ela mesmo fala. Eu só liguei para essa igreja chamada Renascer, por que estavam ao vivo e mandaram ligar para fazer uma aliança e eu queria pagar um outro carnê, eu queria fazer um novo pedido a Deus. Eles não atenderam, e como todos sabem os minutos contam, nesse momento de angustia, pois estava bebendo e querendo uma solução para meus problemas, o pastor da tv, dizia que deveria fazer uma corrente pagando um carnê com o nome do objetivo que desejaria alcançar, "o meu pedido era colocar um atelier de artes mil, aqui mesmo perto de meu bairro boca do Rio", eu não visei só a mim eu visei a todos, meu marido, meu filho, e meus irmãos para ensinar a eles tudo que eu sei, sobre artes manual, já ensinei a Tica minha irmã surda-muda, "mas não sei se isso estar nos planos de Deus, pois não consegui colocar até o dia de hoje". Na época não consegui o carnê e não paguei mais nada, porém hoje vejo que mudou, mais por causa da minha fé e atitude, "desejo do coração de pagar, é claro que a oferta é melhor, é compromisso com Deus sério, mas vale a intenção também, Deus é bom e nos cobre só de pensarmos em lhe oferecer algo". Eu fiquei tão retada que não quis mais saber dessa igreja, depois de algum tempo o programa da igreja saiu do ar aqui, e fiquei sabendo que caiu uma delas lá em São Paulo, fui até em uma aqui, quando meu filho menor nasceu e consagramos ele no altar dessa igreja, Renascer, mais ela fechou depois e então para mim acabou também essa igreja, o pastor foi até preso por outro motivo, e eu continuei a beber minha cervejinha, a igreja perdeu a freguesa e o bar ganhou mais uma vez, **"Isso é péssimo, porque quando a igreja ganha, leva só uma pessoa e talvez não volte mais ali, e o bar ganha várias ao- mesmo tempo e ainda voltam com mais pessoas"**... Eu tinha passado o dia fazendo tortas para a igrejinha da irmã Marina, pentecostal, ajudando a irmã na campanha dela, estava angustiada bebendo, e não conseguia falar com ninguém da igreja, nem a da tv, nem com a irmã, então eu dizia: Meu Deus não quero falar mal das igrejas, porém o meu desespero não me deixa outra alternativa, e me recolho mais uma vez, a meu quarto para orar, e te pedir forças para levar essas tortas amanhã para a igrejinha da irmã Marina, fazendo assim tua vontade. Logo mais a noite cheguei na igreja cheia de tortas, eu minha **mãe** e minha irmã surda-muda **Tica,** inclusive meu namorado **Daniel** que vivia no mundo, bebendo e usando drogas, para mim era difícil conseguir essa reunião, minha **mãe católica fervorosa**, não gostava de crente, minha irmã não entendia nada, até meu irmão **Cicero que nunca tinha entrado em uma igreja** nesse dia estava lá, pois eu já tinha colocado antes ele para reformar a igreja, a **irmã Marina** não tinha nenhum fiel e **nós os chamados ímpios** é que fomos lhe ajudar, **"até hoje ela não tem fiel"**, eu não entrei por que tive que vender as tortas e fiquei do lado de fora, "eu estava exausta e minha intensão era que quando eu chegasse lá desse para assistir o culto e quem sabe ter uma oportunidade de louvar um hino a Deus sei lá", mais lá só tinha nós e os parentes de Daniel, porque ele mesmo bebendo foi busca-los para encher a igrejinha, não tinha nenhum fiel, como sempre até hoje, "porque será hem? Eu coloquei mãe e meu irmão para me ajudar com o dinheiro e o troco, fiquei de voltar no dia seguinte, muita gente querendo as tortas, foi um sucesso, minhas lindas tortas, o culto acabou e sobrou umas 3 tortas, eu voltei no outro dia para vender o resto, ela gostou e pediu para voltar de novo fazendo assim 3 dias de campanha, eu voltei e não foi muito boa as vendas, mais tudo bem eu só queria terminar o serviço da reforma da igrejinha, como ela não conseguia fazer discípulo, fiquei ajudando ela nessa campanha e até fiquei como secretária da igreja sem passar para a lei de crente, pois vi que precisava fazer a documentação da igreja e eu gostava de ajudar, tudo para o meu Deus, que sempre foi bom comigo. Nós erámos apenas visitantes de amor sincero a Jesus, dispostos a ajudar aquela irmã, que não queria muito a nossa presença pois erámos ímpios e do mundo e ela almejava que a sua igreja enchesse de pessoas já crentes, para ela erámos imundos. Chegou até comentar em uma reunião, que a igreja foi ajudada por uma pessoa do mundo e que quando Deus manda até o diabo obedece, (isso é certo), porém eu não entendi essa frase e me sentir de cara, **o diabo**. Ela estava falando de mim, pois eu que fui ajudar e reformei tudo lá, as flechadas vinham direto a meu encontro, porque eu achava que era impura para estar ali ajudando na igreja e ela aceitava por não ter nenhum crente, que ficasse lá, sua pregação arcaica o afastavam, coloquei a igreja linda com arranjos de flores e cortinas tudo pintado e agora com cara de igreja, pois antes não tinha cara, era uma casa velha comum, com cadeiras apenas. Em pouco tempo ela tirou as flores dizendo que o espirito santo não gostava de flores de plásticos e que tinha que ser flores vivas, eu achei um absurdo aquilo e fiquei triste novamente, mais sempre estava lá, o dinheiro das vendas das tortas eu segurei em mãos pois ela ficou de arrumar um pedreiro para colocar o piso, o que o tempo passou e nunca aconteceu, até eu ir lá pintar novamente e colocar o piso, mais uma vez o meu irmão Cícero foi colocar e me ajudar a pintar, ela só reclamava, quebrei o altar velho e colocamos outro, comprei um púbico pequeno e deixei ela lá para encher de fiéis, como era o desejo dela. De vez em quando eu ia ao culto, quase nunca, sempre poucas pessoas e eu não gostava de igreja vazia, queria muita gente! E sempre perguntando: Será que não tem igreja melhor que minha casa? Onde posso me sentir bem igual ao meu quarto? Não quero ser alisadeira de banco de igreja, nem pagadoura de promessas, quero ajudar, quero servir a Deus trabalhando para meus irmãos, fazendo o que Deus pede, que é amar a todos como a mim mesmo, mas está e é difícil para mim. Que dor, que dúvida, que desespero, que solidão, **(isso era o que eu sentia em 2009).** DAÍ ESCREVI TODA ESSA MENSAGEM: **Eu só quero ser feliz ó mundo triste, mundo sem amor, tanto**

tempo já passou você ainda anda sem amor, e insiste em viver assim, brigando, guerreando, matando e morrendo, sem se quer perguntar se queremos morrer sem nos salvar, ou queremos ser eternos como Jesus veio pregar, mundo de fantasias, mundo de tristeza, ó mundo triste vai embora, vai, deixa a gente descansar, vai mundo que não conseguir viver, morre mundo, morre tempo que passou, deixa eu nascer de novo!

Jesus já me iluminou. Salva estou!

Capítulo 2

IGREJAS

A procura

Em quantas e quantas andas as chamadas IGREJAS? O que é uma Igreja para você? Você já foi em uma Igreja? A Igreja é Jesus Cristo! E ela está dentro de nós! Os lugares onde frequentamos, são apenas ambientes de orações! Se são bons ou ruins, vazios ou cheios, depende do líder espiritual e da fé de quem está lá na hora da reunião! Não é mesmo, meus irmãos de Igrejas? Tem dia que os irmãos estão orando com o coração mais puro e tem aquele mover do Espirito Santo, e tem dia que fica fraco, se a igreja não tem o mover do Espirito de Deus, "Ela é uma igreja morna e está na carne, e Deus abomina isso". Eu as conheci e testei muitas delas! Católica, onde nasci **E NÃO QUIZ FICAR:** a missa é toda ditada em um folhetinho, "Quando eu era criança ia lá e dormia o tempo todo, ô sono gostoso, nunca mais dormi assim". A Assembleia de Deus foi minha 3° igreja pois antes eu comecei a ir na igreja Batista com minha mãe e minha irmã mais velha, mais não permanecemos lá, por causa do meu pai "**eu tinha 9 anos**", ele não gostava de crentes, a minha mãe não foi mais e minha irmã foi para a **igreja do véu, Congregação Cristã do Brasil**, escondido dele, "no mesmo ano ele morreu". Eu gostei mesmo foi da **Assembleia de Deus** por causa dos louvores e das palavras da Bíblia que são faladas e interpretadas com vigor através do Espírito Santo de Deus, "**chega faz seu corpo tremer, pelo o menos o meu treme e isso é que faz você saber aonde você se sente bem, e a sua igreja é aonde você se sente bem, não é mesmo? Eu gosto disso, mais de repente tu gosta da paz de uma outra, o outro gosta do louvor da outra, o outro gosta do retrete da** outra, depende da alma de cada um e do estado de espírito de cada um, eu gosto do fogo do Senhor, que se derrama no Espírito fazendo com que nosso corpo faça movimentos involuntários, seja ele qual for, para me o importante é sentir isso e trabalhar para o Senhor: nas curas e libertações, acho isso lindo, isso é o mover do Espírito Santo de Deus, aonde tiver isso será minha igreja, com muita oração, muito louvor e muita manifestação do espírito, de glorias a Deus e adorações, para derrotar Satanás e seus demônios. Agora estou mais velha e finalmente Deus me deu a unção para esse tipo de trabalho, que é a libertação espiritual com quebra de maldições hereditárias e as feitiçarias**", lembro-me que quando eu era pequena e já estava cantando no grupo dominical da igreja Assembleia de Deus, fui expulsa por causa de uma música que cantei em praça pública para trabalho escolar, "Elba Ramalho, **EU TINHA SÓ DEZ ANOS**", fiquei apenas com a limpeza da igreja e molhava o jardim as 18:00hs, lembro-me que as pessoas começavam a chegar para dar inicio ao culto e a pastora chegava com o pastor, me mandando ir fazer outras coisas lá na casa dela que ficava no outro lado da rua, não queria que eu frequentasse mais os cultos, eles dois eram os donos e os pastores da igreja, e foram bem claro comigo, que por causa do que eu fiz cantando essa música na praça, não poderia mais participar dos cultos, **isso foi em 1981**. Eu trabalhava na casa deles, e fazia a faxina da igreja com as outras irmãs, lembro-me que a gente ia limpando a igreja e louvando, para me era uma festa neste dia. Sua filha não quis mais eu lá trabalhando com eles, inventou que eu não estava fazendo nada direito e me mandaram embora, "O engraçado era que eles só me davam a comida e mais nada", esse foi o meu pagamento, por muitos anos em várias casas de família. "Dormida, comida e os trapos de roupas usadas", não fui mais nessa igreja, fui desviada do caminho... "Hoje a igreja ainda estar lá e esses pastores já morreram". Me lembro da 1ª vez que passei na frente dessa igreja, quando eu tinha uns **8 anos**, ainda estava morando no sitio longe da cidade, e em um dia de natal, quando a cidade estava toda iluminada para as festas, minha mãe levou a gente para a missa do galo na igreja católica, a igreja da Assembleia de Deus fica bem na rua principal e quando vi me encantei, com o seu megafone e o jeito que o pastor pregava, eu desejei entrar ali e estar ali na frente pregando, achei bonito aquilo, "antigamente nas cidades pequenas as igrejas evangélicas tinham um megafone na parede do lado de fora para expandir o som", não tinha caixa de som. Cheguei até fazer uma igrejinha de sapê, quando voltei para casa, tão foi o meu desejo de ir a essa igreja! No lugar do megafone eu coloquei um funil e tentei imitar o que eu vir naquele dia que passei lá na frente, o lugar era pequeno brincadeira de criança, onde só cabia eu e mais duas meninas sentadas, não sabia ler e nem escrever mais eu desejava muito aprender para ler aquelas palavras que estavam na bíblia. No dia que terminei de fazer a igreja, fiquei muito feliz e todo mundo do povoado viu, ficou admirado com minha obra, mas o meu irmãozinho pequeno Cicero, entrou na hora do meu 1° culto de brincadeira e derrubou uma parede, eu reagir batendo nele e ele correu para casa chorando, então meu pai veio de lá com toda a fúria e derrubou tudo e ainda me deu uma surra. Lembro-me que dai começaram os problemas, junto veio as intrigas e as fofocas, minha irmã mais velha arrumou um cara que era pistoleiro, meu pai não podia enfrentar ele, e ficava nervoso descontando em minha mãe, então começou a bater nela, culpando-a por tudo, ia para a cidade grande e se embriagava, gastando o pouco dinheiro do mercado, e até arrumou outra mulher.

No dia eu fui com minha mãe e vi tudo, ela pegou ele no fraga, minha mãe não fez nada e ele continuou a fazer o mesmo, foram uns dois anos de sofrimento até fome passamos, ele sumia dizendo que estava trabalhando longe, até que resolveu ir embora para essa cidade, "Fomos todos juntos". Quando estávamos naquele sítio meu pai passava de três a quatro dias bebendo lá nessa cidade, foi até preso uma vez. Então quando cheguei nessa cidade eu fui parar exatamente na casa da pastora dessa igreja, meu pai não gostava de crente, mas o ditado dele era sempre "**mulher acredite em Deus que é santo velho**", isso porque minha mãe só falava em santos, "Meu pai morreu logo no ano seguinte, após comer um ovo frito, até brincaram com isso dizendo que um homem tão valente daquele, foi morto antes que o galo nascesse ou seja de um "ovo", eu tinha 11 anos quando ele morreu", minha irmã mais velha tinha 16 anos, e continuou na igreja do véu, conheceu o seu marido e casou-se no mesmo ano, lá nessa igreja, sempre firmes e fieis a doutrina, foi para o Ceará onde ele morava, depois vieram para Salvador Ba. Na época eu não aguentei a tristeza da perda do meu pai e me mandaram para a casa do meu tio de volta a meu berço onde nasci. Depois meu avó ficou sabendo que eu estava lá, e veio me buscar, "**Eu tinha 12 anos**", lá eu sentia falta de todos que deixei para trás e fiz um lugar onde eu ia orar em uma gruta, coloquei algo que representava nossa senhora aparecida, "era uma pedra em forma de triangulo, que envolvi em um pano", e tome-lhe choro e oração, eu, a pedra e Deus, "só ele sabe o que eu pedir, mais com certeza, pedir um marido e muito perdão, eu me sentia culpada por tudo que aconteceu, e de não estar na igreja" a professora viu que eu gostava de orar e promoveu um catecismo na escola para todos aprender e estudar religião, nessa escola eu me apresentava nas pecinhas de teatro e jogava muito bem futebol, "era uma briga, todos me queriam no time", quando eu já ia me crismar aos 14 anos, meu avó adoeceu "Teve derrame, ficou sem trabalhar", e fui mandada embora para a casa do meu outro tio em outro sítio, lá continuei a estudar e os filhos dele não estavam gostando do meu desempenho escolar, pois eu só tirava dez e meu tio ficava me elogiando, sua mulher começou a me tratar muito mal, me humilhava e botava para fazer tudo da casa e nada estava bom para ela, "Eu era inocente por total, e não entendia nada", lembro-me que eu ia tomar banho em uma vala onde passava um braço de água no terreiro da casa, onde todos tomavam banho, e quando eu acabava de tomar banho para ir a escola, os meninos me jogavam cinzas e eu chorava e voltava para o rio, ela dizia que se eu contasse a meu tio eu ia ficar sem lugar para morar. Eu fiquei doente com febre de tanta tristeza e ia todos os dias orar numa montanhazinha, sozinha e Deus, lá nascia um riozinho e tinha canas de açúcar que me alimentava, eu terminava os afazeres e ia para lá, lá era minha igreja, **em 1985**. Não aguentei nem dois anos e contei tudo para meu tio, ele não viu outra alternativa e resolveu me devolver para minha mãe, "A mulher dele teve câncer e morreu em 2013". Quando cheguei na casa da minha mãe encontrei três irmãos emprestados "os filhos do meu padrasto", e um padrasto que me receberam muito bem, e mas o meu irmão Cícero e minha irmã mais nova surda-muda Tica. Mais não deu para eu ficar lá, em pouco tempo tudo se complicou por causa das finanças, e eu fui para as casas trabalhar novamente, ganhava algum dinheiro e dormia em casa, graças a Deus eles sempre me respeitaram como irmã, mais como todo relacionamento familiar, com o tempo se complicou e depois de um ano perdi o emprego e fiquei em casa um tempinho sem trabalho, eu não sabia porque meu padrasto mandou os filhos irem embora e cismou que eu não iria mais sair de casa para trabalhar, não sabia, mas hoje sei, é que eu estava ficando uma mocinha muito bonita e os rapazes começaram a me paquerar, um dia fui na missa com mãe, comecei a me interessar por um rapaz e meu padrasto viu quando ele me beijou, então ele virou outro homem, me proibiu de ir com mãe a missa, arrumei logo um outro lugar para ficar trabalhando e dormindo, ele me ameaçou até de morte, e disse que se eu saísse no dia seguinte para trabalhar, eu ia vê. Lembro-me que fiquei quietinha com medo, porque ele estava com um machado e enfiava-o no chão enquanto brigava comigo, eu já estava deitada e me cobrir com o lençol, chorando e morrendo de medo, e minha mãe não dizia nada. No outro dia falei com mãe e ela disse que não poderia fazer nada e que era melhor eu obedecer, chorei muito e peguei tudo meu, fiquei muito magoada com minha mãe, pois eu precisava dela naquele momento e ela nada fez, eu só estava ali a pouco tempo com ela, porque fiquei com meus tios os anos anteriores, no dia seguinte ele continuou me ameaçando e disse que iria me pegar se eu saísse, eu deixei ele sair e fui correndo contar a minha patroa, o marido dela era policia e foi lá falar com ele, então se acalmou, e com o tempo se acostumou com a ideia, eu sempre ia passar os domingos com mãe, mas ainda angustiada sem perdoar e passava sempre na cara dela aquele momento, lá tinha uma arvore onde eu ia orar, só eu e Deus, eu pedia providência, pois eu não estava aguentando o trabalho, pois era para fazer tudo e ainda cuidar das crianças, eu não dormia a noite cuidando do bebê, eram : um de cinco anos e uma de três anos, e o bebê, eu adorava cuidar das crianças, mas da comida nada sabia, ela que me ajudava, e me cobrava para eu aprender logo, a roupa era toda lavada a mão, na casa, ela saia passando o dedo, para vê se estava limpa, aquilo me matava, eu fiquei odiando meu padrasto, não queria voltar para casa, sempre tinha uma discussão quando eu ia em casa, e em uma dessa ele escreveu uma carta para minha irmã me esculhambando, dizendo que eu estava muito rebelde, ele quis me fazer o mal e Deus fez meu cunhado vim me buscar no mesmo ano, "Isso foi resultado da minha oração em baixo da arvore", e por muito tempo eu guardei essas mágoas, até o dia em que meu filho nasceu e fui frequentar o centro espirita, onde passei a perdoar as pessoas e a tirar essas mágoas do meu coração através de tratamento espiritual com uma água fluidificada e palestras falando a respeito do amor de Jesus e do comportamento do ser humano, e muita oração, com a ajuda é claro, de um terapeuta que também era espirita, meu querido e amado doutor Vandilson Soares, irmão em Cristo Jesus, que se compadeceu e ajudou-me dentro do possível. Eu era travada e muito tímida no mundo, e do jeito que eu era, jamais um dia alguém iria saber isso que passei e o que eu estava passando, "**nem para meu diário, nunca contei, esse eu só colocava coisas boas**", como as minhas viagens a mais de dez países que cometi vários erros espirituais como por exemplo: trouxe de lá estátuas de deuses locais como os mooares que são deuses lá do chile, entrei em várias igrejas e templos religiosos fazendo os rituais locais como passar a mão em estátuas para ter sorte e prosperidades, pois cada país comete seu erro para com nosso Deus único, tem deles que o Senhor Deus abomina e vai destruir, aliás já estar acontecendo, vai acontecer coisas sobrenaturais que aos olhos humanos não dar para acreditar, e isso vai muito além dos fenômenos da natureza, vai vim com um toque a mais de sobrenaturalidade, mais vai morrer poucas pessoas, eles tem que ficar na terra para se voltar para Deus único, "**chama Jesus Cristo ele é o caminho mais fácil para chegar a Deus**", cada pais vai ter sua punição; aviso; castigo ou sei lá o que você chama, eu chamo de treinamento espiritual; teste; aula; ensinamento, "isso é o que me foi passado e **revelado em 09/16, essas revelações espirituais contarei com mais detalhes no próximo livro chamado REVELAÇÃO, recebi esse dom espiritual de DEUS".** Deus e o Dr. Vandilson O ESPIRITA, me ajudou a ser o que hoje eu me tornei, "uma pessoa melhor e totalmente desbloqueada, sem timidez, amo a me e os outros, e através do Espirito Santo conheci o verdadeiro Deus que é pai não padrasto, ele só nos ensina, e só quer o melhor para nós, eu agora sei que o amo porque assim o conheço, antes eu só ouvia falar dele, e hoje vejo e sinto ele", tem coisa que só Deus sabe nunca contei para ninguém, e agora o mundo saberá minha história, que só terá fim com a minha morte. Isso é só o começo dela, há coisas muito mais fortes que agora não vem o caso contar, e que contarei no próximo livro, que terá como título, **"DEUS É D+, ainda existem milagres".**

Capítulo 3

EM RUMO A MINHA TERRA PROMETIDA-BAHIA.

Deus me tirou do deserto, várias vezes, "fome, sede, e miséria total sem moradia e dormimos até no relento nas roças", e **em 1987** me trouxe até aqui à Salvador, quando eu tinha 16 anos, foi ai que comecei a conhecer e frequentar a igreja do véu, "Congregação Cristã do Brasil", onde minha irmã, e sua família fazia parte. Eu gostava, não entendia quase nada, foi minha quarta igreja como visitante, minha irmã colocava em minha cabeça um humilde véu, e eu orava junto com todos, e louvava também os louvores do hinário no banco mesmo, lá não cantava música gospel, "nesse tempo existiam pouquíssimas", ficávamos no banco sentadas ou em pé, essa igreja não dá oportunidade para mulher pregar só para tocar órgão ou harpa, "pelo o menos naquele tempo não, mulher na frente do altar só quando tem um testemunho para contar", o pessoal era proibido de fazer tudo, até eu que não era crente e porque morava com eles, tinha que está de acordo com a igreja, era uma doutrina rigorosíssima: nada de tv, só o gravadorzinho com os hinos da harpa, "bíblicos", do jeito que Deus gosta, igreja todo dia, roupas sempre compridas e de mangas, decote nenhum, "do jeito que Deus gosta". Homem entra pela uma porta e mulher por outra, as mulheres usam

véu, "Acho lindo, é bom para esconder o choro e enxugar as lágrimas", acho que todas deveriam usar, o problema deles é que só fazem oração em posse deste abençoado véu, aí é onde mora a ignorância dessa igreja, porque se o véu perder em uma cilada do inimigo, como ficamos, isso tem que mudar. Um dia eu presenciei isso em uma casa, "irmã ora aqui por me", ela disse: não posso, esqueci meu véu em casa. Eu visitei uma igreja deles agora a pouco tempo, fui umas três vezes já, e vi tudo igual lá, nada mudou, igual aos Fariseus que não mudaram nem com a vinda do próprio Cristo, **"O tradicionalismo radical, e certas doutrinas, estão afastando os fies das igrejas, que teria que ser como um hospital e acolher os doentes, "Jesus disse: eu não vim para os sãs", as vezes você acha que já estar sã e é aí que mora o perigo, porque sempre temos que estar buscando a Deus, e a igreja é um lugar onde buscamos estar juntos dele e dos irmãos, nós seres humanos precisamos disso, dessa união, e a igreja tem que fazer esse papel, e acolher os doentes, famintos e sedentos pela a palavra de Deus, "os que se acham já sãs, cuidam dos outros como nós, chamados ímpios, somos ímpios até a hora que** aceitamos o mesmo Deus de vocês, a parti daí começamos nossa caminhada igual a sua ou pior, como estar sendo a minha que estar dura, pois no meu caso é para purificação total, porque Deus assim me quer, no seu trabalho". Tem coisa em tais doutrinas que estão bloqueando o trabalhar do Espirito Santo que é a revelação daquilo que estar escondido dentro da palavra de Deus na bíblia, tem irmão perdido no mundo que Deus quer usar como: o drogado, o mendigo, o cachaceiro, a prostituta e até o homicida, "querendo Deus quem impedirá", ele faz isso só para nos mostrar que ele é Deus, ele muda tudo; limpa e transforma qualquer um, não podemos nem devemos negar a Deus esses tais "imundos", como tem crente que chama, o irmão que já foi isso me entendi, eu só bebia cerveja, dançava e namorava muito erradamente, era caridosa e amorosa com todos, mas meu namorado me mostrou o lado obscuro das pessoas, eu era ainda ingênua com 36 anos, não tinha nem via a maldade das pessoas, posso dizer que ele me colocou ódio e desconfiança no meu coração e Jesus veio e me limpou de todo o ódio, porém a desconfiança ele deixou, pois é preciso a prudência em nós", o

Espirito Santo foi e continua sendo uma aliança que o Pai fez com o Filho Jesus Cristo para nos deixar como herança, ele tem coisas sobrenaturais para nos mostrar, é só buscarmos e nos entregarmos ao ESPÍRITO SANTO DE DEUS. O **Senhor quer rasgar nosso véu da ignorância e nos dá um novo dom, O DOM DA REVELAÇÃO, ele vai pegar todos os seus ungidos, nem eu nem você sabe quem é que Deus ungiu ainda no ventre da madre, para ser um anjo de carne e osso, para revelar a sua palavra, todos conhecemos os da bíblia, mas os que ele ungiu e estão ainda no mundo servindo a satanás não sabemos, peço ao irmão cuidado e paciência com esses visitantes que aparentemente são drogados e bêbados, como eu era uma bêbada, pois é Deus que estar levando até as igrejas santas, para o ensinamento da palavra que é dele não nossa, e quem faz igreja, faz para Deus não para si próprio, é chato um bêbado na igreja, porém peço que envolva em oração com o óleo da unção e deixe o resto que quem faz é Deus, só trate eles bem com amor, que é disso que eles precisam, "O AMOR DE JESUS",** você pode conhecer a bíblia de trás para frente, de cor e salteada, ensinar tudo que sabe, mas se nessa hora você falhar como pastor, de nada vai servi o que Deus te deixou aprender, sem o Espirito Santo não saberá o que estar escondido ali naquela pessoa. A bíblia é um livro sagrado e lá estão todas as coisas contidas dentro de palavras que sempre precisa ser interpretada, e cada um entendi de um jeito essas palavras, tem gente que ler e não entendi e eu era uma dessas. Naquele tempo eu ia com minha irmã para a igreja, mais por causa do véu, "eu não bebia, não namorava, não dançava, nem conhecia as coisas do mundo, só o sofrimento: sede, fome, miséria total e humilhação, mas já sentia que ali não era a minha igreja, lá sentávamos separadas dos homens, um para o lado e o outro para o lado oposto, mulher não poderia pregar a palavra e isso eu não aceitava, o meu sonho era pregar e falar de Deus e cantar para ele! Essa igreja não aceita que visitamos outras igrejas, nem as evangélicas, isso eu acho errado, "**Deus estar em todas**", mas eles aceitam visitantes! A bíblia é aberta lá na hora e lida inspirada pelo o Espírito santo, "**Isso é verdade eu sentir, Deus estar lá**". É a disciplina doutrinária da igreja, fazer o que! Cada uma igreja tem a sua **doutrina,** quem entra tem que se adequar a ela. Mas tem templo que não prega Jesus Cristo, e isso eu não aceito, imagine os que não reconhece Deus como Deus, "meu espirito enlouquece, e sente até vergonha diante de Deus por esses templos e por essas almas que se iludem até os dias de hoje," isso eu não posso aceitar. Tem uma doutrina de crente que prega que Jesus não é Deus e que só existe Deus, chamado (Jeová Deus único), e que não existe espirito e que quando morremos dormimos e só vamos acordar no dia final para prestarmos conta a Deus e ao diabo, dizem que essa terra será a herança que Deus vai nos dar, mas eu recebi a revelação que essa terra é apenas uma amostra grátis da terra que Deus tem para nós, é uma coisa inexplicável e linda e Santa, "totalmente espiritual, não é aqui que tudo é matéria, nós vamos ser transformados assim como Jesus Cristo foi para entrarmos lá", esses são **os testemunhos de Jeová, eu não quis entrar lá na sua igreja, porque já tinha umas clientes super vaidosas que me falavam da sua doutrina em 2011, até me humilhavam por causa de tanta vaidade**. No tempo que eu frequentava a igreja do véu, meu cunhado entrou numa crise, sem trabalho, doente da coluna, e a empresa que ele trabalhava faliu, não lhe pagando nada. Eu fui para as casas dos outros trabalhar de babá e me afastei totalmente de igreja, eles foram para o bairro Valéria morar em um barraco de papelão e madeiras velhas, "miséria total", não suportaram tantos maltratos e pediram ajuda a igreja deles e foram embora para São Paulo, a igreja arranjou lugar para eles morar e trabalhar, mais só os fiéis da igreja eu e minha irmã surda-muda que não erámos crentes ficamos só sem ninguém em Salvador nas casas dos outros. Eles foram morar no fundo da igreja como caseiros. Passaram-se alguns anos, e veio uma grande crise ainda pior, meu cunhado ficou com depressão, ela ficou com síndrome do pânico, "dizem os médicos", porque os filhos se debandaram no mundo, tv, bebidas, e depois até drogas e pegando o que é dos outros. Isso morando dentro da igreja, de quatro filhos salvou uma, e essa engravidou antes do casamento, a igreja não aceita esse tipo de coisa, então já imaginam o problema, não é?, A mãe quiseram logo internar, era tanta a loucura, e o marido queria tirar a própria vida por vergonha de tudo, não deu outra, minha irmã falou que ele começou a se relacionar com outra mulher e a traição foi a causa da separação da família. Foi um choque para mim, saber disso, jamais imaginei que aquele casal tão fiel a Deus, tão unido e de uma igreja tão rigorosa, cairia nessa **armadilha do diabo**". E o pior, com a separação e a loucura da mulher, "**que hoje sei que não era loucura, explicarei no final deste livro**", a igreja não quis mais ela lá, ela foi embora com os filhos e deixou a religião. Começou a beber e quando fui lá em 2012, estava pior que eu, na bebida e no mundo. Na época eu já queria ser crente e já estava grávida do segundo filho, não aguentei o ritmo dela. Imagine, eu que era o terror nas noitadas, Não a aguentei... Eu dava risadas para não chorar de vê-la uma filha de Deus cheia de dons espirituais daquele jeito, sim porque ela era usada para curar pessoas e falava línguas estranhas, Deus usava ela tremendamente. Fiquei estagnada ao vê-la, eu fiquei observando a cena e via uma mulher crente na balada, pois até seu jeito de se vestir era ainda de crente, na cena era uma crente bebendo e dançando, imagine só. Há algum tempo sua filha mais velha, casou com outro e voltou para a mesma igreja e o ex-marido da minha irmã se casou com outra e também se firmou na igreja do véu, o seu filho mais velho, casou e também voltou, e resta ela, "a minha irmã mais velha", e os dois filhos mais novos se firmarem na igreja, ela faz forças para voltar e sofre muito no momento, mais pelo o que eu vi é a igreja que não permite a sua volta por causa da sua vida atual: separada do marido e ainda na bebida lhe falta amor da parte da igreja e força dela, para a sua volta, estou tentando leva-la a outras igrejas, mas ela só quer a igreja do véu, não tem jeito, ela estar em São Paulo e eu aqui tentando traze-la para terminar seus dias junto da gente servindo a Deus seja lá onde for, porque já sei se ela continuar lá vai perder a vida sem voltar para Jesus, diz ela que estar com a chamada depressão e toma remédios controlados e bebe para suprir a falta daquilo que perdeu, o marido e seus dons espirituais, **"ovelha abandonada pelo os irmãos da igreja do véu da sua rua, de São Paulo-Itaim Paulista, porque levei ela aqui na igreja do véu, sem ninguém saber do seu estado e da sua história, até o Espirito Santo lhe aceitou e ela falou até em línguas novamente, Deus a ama e eu também"**, Deus estar me usando para ajuda-la, espero que se decida logo, ela que começou a aliança da nossa família com Deus e tem que voltar de onde parou, **"volta minha irmã querida, amamos você, a seara do Senhor nos espera"**.

Capítulo 4

VIDA NOVA

Em 1988 já com 17 anos, ainda estava na mesma casa que minha irmã me deixou trabalhando como babá das minhas duas meninas lindas **Fernanda e Gabe**, onde conheci a religião budista e comecei a frequentar as reuniões lá mesmo no prédio, achei sua filosofia linda, porém não fiquei na sua igreja, aliás nem cheguei a entrar, pois eles entregavam seus folhetos nos ônibus e nas portas das casas na rua mesmo, lá havia um morador que era a débito dessa religião e minha patroa estava frequentando também, eu comecei a ir mas não quis ficar, não estava muito interessada em religião na época, só nas baladas e em estudar, "cheguei até a comprar uma estátua do buda e a colocar moedas ao seu redor, para ter o que eles prometem que é a prosperidade e sorte", essa religião tem vários a débitos aqui, inclusive em 1997 eu conheci e convivi com um deles no escritório onde estagiava, eu vi uma foto em cima de sua mesa e por curiosidade perguntei quem era aquele homem dos cabelos de fogo, "feio feito o cão", e meu cunhado me respondeu espantado: não sabe não? Esse é maior que Jesus Cristo é o descendente de buda, eu abismada respondi: Hã? Como? Maior que Jesus, não existe! Todo mundo do escritório riu e ele continuou a defender o tal homem, que ainda estava vivo, e era de carne e osso cabeça e pescoço, considerado um deus, "**eu nunca mais esqueci disso**", claro que não aceitei nada que ele falou, nem eu nem ninguém de lá, mais como a **serpente** dizia e diz até hoje, " **religião não se discute**", ficamos todos calados, "ele segue essa religião até hoje". O budismo é uma religião que prega que a sua força estar na natureza e nos animais, Deus não existe porque seus antepassados mataram Deus em uma outra encarnação, e tudo o que sofremos ou gozamos neste mundo é culpa do tal "**carma**", uma espécie de maldição ou bendição hereditária de seus antepassados. **Eles não usam bíblia e não pregam Jesus Cristo, entendi que somos como uma balança, ora pesamos para um lado, "pureza de espirito", e ora pesamos para o outro lado, "pecado", isso eu acho certo dizer, tem realmente sentido, e o ser humano é cheio de pecados, a balança nunca fica leve a ponto de levitarmos como eles pregam, "afirmam que levitam o corpo em uma pureza espiritual que alcançam, nirvana sei lá, imagina o buda levitando com aquele peso, imagina". eles pregam o bem, isso eu não posso negar, mais até hoje eu não fiquei sabendo de alguém que viu isso. Sabemos que Jesus Cristo o filho de Deus foi o único puro que pôde voar e andar sobre as águas em carne, Jesus afirmou que nós reles pecadores podemos nos purificarmos e fazer igual a ele e até melhor que ele, chegando a um estado espiritual máximo de obediência a Deus, mais ainda não chegamos a nada disso pelo o contrário, estamos é regredindo espiritualmente e nos enchendo de pecados, que de sete pecados capitais foram multiplicados por 3 vezes ficando agora 21 pecados, "revelação espiritual do Espirito Santo", onde chamamos vários** espíritos maus que se multiplicaram em vários, e para cada coisa feita neste mundo existem um ESPÍRITO específico. As obras dos homens, só tem malícias e OS ESPIRITOS MALÍGNOS, estão lá impregnados sendo adorados por nós todos, exemplos: danças, músicas, certas marcas de roupas e marcas de objetos de nosso uso, festas, objetos eletrônicos e tudo que o próprio Deus não gosta, todos os bens que tem na terra é emprestado por Deus, não podemos nos vangloriarmos dizendo e achando que é nosso, conseguido por nós mesmo. DEUS "se ira", com o jeito que usamos tais coisas, por isso temos que ungir e oferecer a Deus tudo que entra e sai dá nossa casa, "e prestar bem atenção no que compramos, quer dizer nas marcas e símbolos que compramos, pois quase todas são oferecidas a satanás e suas bestas, misturado com seus demônios para terem lucros", porque não sabemos de onde vem, e na maioria das vezes já vem oferecidos a outros deuses para terem um lucro maior, entendi? Não é maldita a evolução do mundo, Deus ama a evolução, maldito é como nós usamos essa evolução para fazermos coisas erradas e pecaminosas, isso é o que ele não aprova, tudo no mundo e na evolução foi inspirada por Deus, não há nada que aconteça no mundo que Deus não tenha metido a sua mão, até as coisas que satanás inspira, Deus dá um jeito de usar para o nosso bem, "sabe quando o irmão pequeno vai fazer uma coisa e o irmão grande chega e diz, sai para lá, deixe que eu faço, ele tira o irmão para o lado e faz o serviço, "Deus conserta o serviço", satanás é o filho frustrado de Deus, não sabe fazer nada, aí tira seu tempo a perturbar nós que somos mais que ele na presença de Deus, "POIS NÓS TEMOS A DEUS E ELE NÃO", quando nós descobrimos isso, satanás fica furioso, "faço voto de que isso não seja mais uma novidade para você e que já tenha lido e entendido em algum lugar na bíblia, essas palavras", tem na bíblia que nem uma folha cai sem o consentimento de Deus e até sabe quantos fios de cabelo nós temos, sabemos que o mal também inspira coisas e temos mais ou menos uma noção do que é certo e o que é errado, pois a bíblia nos ensina tudo e Deus deixou já gravado no nosso coração, "satanás sabe de cor e salteado sobre a bíblia, "EU NÃO SEI A BÍBLIA DE COR", ELA é um tipo de contrato que Deus tem conosco, e satanás usa a bíblia e o livre arbítrio que Deus deu a nós todos, e usa também tudo que falamos para nos acusar, "eu não sabia que eu era profetisa e falei de mais, mas estou tentando consertar as burradas que fiz junto de meu pai que é Deus único. Jesus, o Espirito Santo e todos os anjos do céu e da terra, todos nós estamos na guerra contra o mau," e tudo que estar na bíblia, satanás aceita e engole a seco, entendi? é só nós usarmos contra satanás e a nosso favor, entendi? use o que Deus nos escreveu e ore, "a bíblia é só um tipo de amostra grátis que Deus nos deixou, pois nas revelações existem muito mais coisas que Deus vai nos mostrar daqui para frente", permaneça na fé, ligado, tem algo sobrenatural acontecendo e vai acontecer muito mais. O que estar escrito ali é Deus falando, ele usa nossa boca para falarmos também, satanás estar vendo algo, algum movimento diferente no plano espiritual e sente que o dia final dele estar chegando. Porque quem gosta de contrato e papel é o satanás, pois ele não tem palavra, é um mentiroso, ele inventou os contratos, Deus gosta da palavra dita puramente, saída da boca para os ouvidos, "Deus gravou seus mandamentos, que esta no nosso coração", mas satanás quis tudo no papel, o papel satanás inventou e Deus usa, por causa do uso da sua madeira, arvore, lembra? As arvores são de Deus". Eu sei que nem todo mundo acredita na bíblia, nem nas revelações do Espirito Santo, mais vai e estar acontecendo fatos sobrenaturais que você tem que acreditar, porque você vai ver com seus olhos e tudo que estar na Bíblia vai se cumprir, não tem escapatória, "até os mortos vão ver, esses são os primeiros a vê". O apocalipse fala de coisas que será bom darmos a atenção, pois já chegou a nova era e o selo já estar chegando, na minha mente foi dito que quem vai fazer esse selo é o país que tem como símbolo o dragão, que é o marido da serpente, e se olharmos o selo de cada produto que compramos estar lá o seu nome ele é o país que mais valoriza o dragão, de lá vem quase todos os objetos que usamos, quase tudo é tocado por esse dragão, "todo mundo sabe de quem estou falando", todo produto tem alguma coisa ou peça dele, principalmente os eletrônicos, é só olhar e vê, m.i.c... Nós mesmos vamos buscar tais maldições, através de nossos antepassados que serviram a serpente amaldiçoada por Deus, a gente ofendeu muito a Deus e estamos numa boa sem pedir perdão, ele já ia acabar com tudo e esquecer de nós, então ele foi mais uma vez misericordioso conosco e nos enviou Jesus, "que por amor passou pela morte e venceu-a, só para nos salvar daqueles pecados que quando Moisés fez a aliança com Deus nos comprometeu a cumprir, a pena de morrermos sem salvação só para espiar tais pecados, porque Deus é SANTÌSSIMO e com ele não se brinca, tudo estava no contrato que Deus fez com nosso antepassado, depois são várias alianças que Deus por sua misericórdia aceitou naquele tempo, até a vinda de Jesus Cristo e assim Jesus ganhou de satanás nossa alma", **ele chegou no último estagio da morte, fez tudo isso por nós, e só no terceiro dia ressuscitou, ele poderia ressuscitar logo após a sua saída do corpo, mas só para não causar dúvida, voltou apos três dias, já com suas carnes podres e fétidas, como foi com o Lázaro que Jesus o ressuscitou com quatro dias, "quando eu ouvi isso na época pensava que foi na mesma hora ainda com o corpo quente, mas depois li e vi que foi já depois de dias em decomposição, acho esse o milagre mais lindo de Jesus, e não creio que** ele estivesse já fedendo, pois é Santo e para mim o perfume da sua santidade tomava conta daquela sepultura". Depois de tantos acontecidos sobrenaturais, "milagres, vistos a olho nú", ainda continuamos a fazer pior do que o que era antes, usando as coisas do mundo com usura e exagero, Deus não gosta, porque não agradecemos a ele nada, estamos acabando com a terra, depois que Jesus foi embora, começamos a adorar as imagens e a criar imagens para as nossas crenças, "falo do povo da terra prometida, que são os herdeiros de Deus", os outros já tinham seus deuses, "isso não é novidade, a novidade somos nós mesmos que agora já salvos dos pecados antigos, fizemos e fazemos imagens para adoração, mesmo lendo a bíblia e jurando no nome de Deus que somos cristões, adoramos outros deuses, e usamos amuletos de sorte "até as igrejas evangélicas estão dando em suas campanhas amuletos de sorte", eu era uma dessas pessoas perdidas e enganada por satanás, adorava sem saber da gravidade que isso causa no mundo Espiritual e na minha vida. Depois de tudo isso escrito na bíblia e de sabermos as exigências de Deus para conosco, fazemos tudo para o contrariar e agora nos últimos tempos foi gerado o dragão, muito mais perigoso e pecaminoso que trás muitos demônios chamados por nós, de geração em geração, "essa geração é a pior que já se teve". **Posso te dizer que Deus fez a cobra, "serpente", e satanás fez o dragão, que iniciou todas as outras religiões que adoram outros deuses, fazendo o abominável para o Deus único, que são os feitiços, as bruxarias e todos os rituais satânicos. Nós sabemos que isso é errado fazer, mas fazemos, "satanás usa a nós, que usa o nome de Jesus Cristo para fazer tais curas em casas de espíritos obscuros", aí cura né, isso porque Deus ordena a satanás para que cumpra seu contrato, o acordo que fez com você entendi? conhece a frase: "quando Deus manda até satanás obedece", então é isso aí, ou você pensou que Deus não tem a participação no seu milagre, que foi satanás que te deu! Não meu amigo foi Deus que deixou acontecer e depois você fica com sua dívida entre os dois, "DEUS E SATANAS", para pagar em um tempo bem próximo e ao contrário do que muitos pensam, "que quando chegar no céu paga", não amigo, você pagará aqui mesmo na** terra, aqui é lugar de expiação, "por isso a fé sem obra é morta, não te dar direito a salvação, ela salva você das coisas ruins da vida terrena e quando chegar lá em cima Deus vai querer que você mostre porque você merece a sua salvação, você tem que fazer o seu próprio esforço para a sua plantação vingar, sempre adorar a Deus e lhe pedir forças para continuar, não a outro qualquer reles mortal aqui na terra ou espíritos trevosos e ainda imagens de pedra, cal e pau que esses espíritos se impregnam dentro delas para nos servi, e depois nos cobrar e cobrar caro, como eu estou pagando e minha família toda, só por minha mãe ter nos ensinado a adorar a tais imagens. Nós seres humanos mesmo demos poder a esses espíritos para agirem em nossa vida, nós o chamamos e o adoramos! Porque você não se dar esse poder, que é buscando o Espirito certo, que é o de Deus? Porque não se purifica? E se torna você mesmo um Santo, um anjo a serviço do bem, porque? Sabe, porque? Porque se purificar doe né, se purificar é como a morte e ninguém quer sofrer assim, "passar pela a cruz é isso", sabia que satanás também tem fé, e busca a sua realização, persiste em tudo, até o ultimo dia da sua morte, ele estará atrás de você, amigo! "querendo sua alma", se liga! Deus quer de nós devoção, adoração e sacrifício de fé, que é o jejum, as ofertas para a obra de Deus, o trabalho na obra dele, e tudo que tem de benfeitoria e construção na bíblia, não é mais permitido, mutilação, nem derramamento de sangue de forma nenhuma, em tudo se resume em amor, amar ao próximo e a te mesmo, não é permitido matar, nem mesmo morrer, temos que nos cuidarmos para vivermos o máximo para sermos usados por Deus, pois não é qualquer um que Deus se agrada, ele tem suas preferencias, é só você se arrepender e lhe procurar, ele quer te encontrar e te dá poder. A falta de adoração é o que mais doe em nosso Deus hoje em dia, na nossa modernidade, isso é a prova de que não o amamos e assim não o conhecemos. O dragão é o cavalo do cão que chamamos diabo. E todos os filhos de Deus que seguem e fazem esses rituais junto com satanás, iram pagar e perecer, esta verdade estar na bíblia. Coisas sobrenaturais vão acontecer e todos vão ver quem é do bem e quem é do mal, só tem dois caminhos : um é satanás e o outro é Jesus Cristo que é o filho de Deus, o que deram o apelido inventado de Jeová, que Deus Único não gosta, e me disse que Jeová é um espirito que estava no bezerro de ouro aquele que Arão fez para adorar no deserto, chamando ele, chama o bezerro de ouro, não a Deus, tem outro espirito do deserto que não é Deus, o nome dele é halar. Quem negar a Jesus Cristo estará negando a Deus, entendi? Eu só entendi agora isso, por isso errei tanto, e Deus como é misericordioso me perdoou! Mais para isso eu me entreguei para ele e você estar vendo que não foi fácil a minha trajetória, nem para me, nem para você. O mundo estar indo por vários caminhos, e esses caminhos o levarão a derrota e ao nada, que chama, "satanás", eu dei esse nome a ele "nada", sabe aquele ditado: você, nada, nada e morre na praia, não vá atrás de satanás, pode deixar que ele vem até você, e quando é dessa forma é para expiar o que ele te fez de mal, a mandado de Deus, "te devolver tudo que te roubou em dobro", se liga. Agora eu te pergunto, porque não ficarmos com o tudo e a vitória que é "Deus", porque? Eu te respondo: porque estar no mundo é legal! e as coisas espirituais são ruins ao nosso ver, dá medo e são sobrenaturais, difíceis de conseguir, tem que morrer para viver uma nova vida longe das coisas do desejo do coração, e isso é chato né, veja eu, deixei as festas, a bebida, que com o tempo o Espirito Santo de Deus, tirou, e tirou mesmo, me dando assim a minha felicidade original e verdadeira que é a presença e as respostas de Deus que são os "milagres", daí, enquanto todos choram, você rir na presença de Deus, na paz do Senhor, dançamos uma dança só, em um só ritmo, que é o do Espirito Santo de Deus, quem olha pensa que estamos doidos e não entende que é Deus que estar conosco, "mil cairão a seu lado e dez mil a sua direita e você não será atingido", sempre recebendo a sabedoria de agir sem nos prejudicarmos, dizem que ter filhos é padecer no paraíso, eu digo que ser crente é que se enquadra nesta frase... Quero revelar para vocês que dormem nos braços de Orfeu, o deus do sono, que quem estiver ao redor das águas do oceano índico e que seguem certas religiões, vão sofrer as consequências da força da natureza, mas não é a força puramente dita como os budas dizem, é a força do Deus que eles dizem ter matado no passado, o que sabemos e acreditamos que não é verdade e que

Deus é vivo e estar bem perto de nós a observar tudo, só esperando passarmos para o lado A ou B, (quente ou frio), porque morno jamais, Deus abomina estas pessoas mornas que servem outros deuses que Deus chamou de espíritos imundos, "demônios", e dizem ainda que estão orando para Deus, e na hora da oração invoca-o também, isso deixa Deus furioso. Se prostrar diante de qualquer escultura de qualquer espécie e de imagem também ou de pessoas como ídolos, se quiser beijar as fotos dos seus entes queridos pode, o que não pode é se ajoelhar e adorar as imagens em cultos, essa adoração é uma abominação para Deus, ele vira até as costas para você. O Senhor Deus falou que você pode ter seus bibelôs, mais é único e exclusivamente para serem usados como enfeites, não como adoração, estar na bíblia, "só ore para Deus pai, filho Jesus Cristo e Espirito Santo, que são um só", Deus é o juiz, Jesus é o advogado e o Espirito santo é o seu orientador=único guia que temos aqui na terra, ele é nosso amigo, nosso consolador, nosso estreitador para com nosso pai, ele nos liga até a Deus, fio telefônico entende? Você é como se fosse o aparelho telefônico e Jesus é como o intérprete da nossa conversação, entende? Nossas orações chega a Deus toda cheia de palavras vans e cheias de gírias e até com palavrões, então Jesus vai só consertando para o pai não se irritar conosco: sabe o que é pai, não foi bem assim que ela quis dizer, ela quis disser, isso, isso e isso, e assim intercede por nós, "revelação do Espirito Santo de Deus: as imagens não são dignas de adoração, é muita falsidade e enganação que satanás nos inspira na mente, elas não são dignas de adoração e satanás aproveitou e viu que isso aborrece Deus e se colocou nas imagens, dando assim a cada imagem um chamado santo, que são hereis que você leva para casa, e coloca em suas igrejas, eles estão agindo na destruição das famílias, Deus aceita que digamos que somos santos porque assim ele nos fez e quer que sejamos, então quando damos a uma pessoa que fez muito pelo o próximo, o nome de santo ou santa, só quem sabe é Deus, porque suas obras o testificaram aqui na terra mais no céu é Deus que manda, "coração é terra que ninguém anda, só Jesus sabe", Deus fez essa pessoa nascer, crescer e depois morrer, ela pode ser uma santa com "carne e osso, cabeça e pescoço e principalmente um espirito que Deus soprou", se achamos eles santos é porque foram santos na sua vida terrena, o mal estar implantado é nas imagens, não nas pessoas que foram santas perante nós e perante Deus, é errado se prostrar diante deles e adorá-los. Exemplo: a pessoa humana de nossa senhora mãe de Jesus, ela foi santificada por Deus e por nós mesmo, demos esse título a ela, "santa", porque ela é a mãe de Jesus, Deus a escolheu, estar na bíblia, assim ela é SANTA, não se desviou nem para esquerda, nem para direita, e fez o que foi agradável a Deus, ela para nós é santa, no tocante de servir a Deus de corpo e alma, poderíamos ter imagens dela como obra de arte, se desde o início ela não fosse feita para adoração, sem irá nosso Deus, como um bibelô, que enfeita a nossa casa, mas fizemos ela com o intuito de adorá-la, assim como foi o bezerro de ouro, e isso nosso Deus não gosta, "abomina", assim vale para todos as outras imagens, até para os santos de hoje que o atribuímos donos dos milagres e donos de nossas vidas, sabendo você que qualquer um de nós podemos sermos santos, e devemos buscarmos ser santos, "POIS DEUS È

SANTISSIMO", deixar os pecados e nos purificarmos todos os dias, é uma luta diária, "espirito contra a carne". Satanás viu que fizemos imagens para adorarmos e colocou seus demônios dentro das imagens e isso contaminou o objeto, eles vem até a nós, e nos observa dentro das imagens, "cada imagem tem um demônio dentro, em posse dela", e estar sugerindo em nossa mente que só quer nos ajudar, sabemos que aquela pessoa já morreu e não pode nos ajudar, é como um ente querido, que guardamos a foto, não pode mais nos ajudar, por tanto aos santos de Deus, só fica a saudade e a admiração pelos seus feitos. No longo do tempo foi se criando figuras e imagens, desses tais santos e assim foram criando as crenças e atribuindo a elas os milagres, que só quem faz é Jesus Cristo através de nossa fé, e por misericórdia de Deus, "antes de Jesus fazer o milagre ele pede ao pai". Estamos sendo enganados por satanás também nessa parte, aliás essa é a parte que mais ele nos engana, "a parte espiritual", se ligue. Deus ama os seus Santos, Santo Antônio, Santo José, Santa Maria mãe de Jesus, Santa luzia, Irmã Dulce etc. Eles cumpriram o seu papel no mundo e distribuíram o que Jesus veio nos ensinar, "O AMOR", Agora tem uma imagem que saiu do mar, que não foi de carne e osso, cabeça e pescoço, Deus abomina totalmente, ela nunca nasceu, nunca cresceu, nem fez nenhuma obra para deixar seu legado de santa. O Brasil a adora junto com a daqui da Bahia que é iemanjá "bestas", tem até uma cidade e um altar exclusivo para ela em São Paulo, errado chamar elas duas de santa, as bestas do mar, por isso que lá em SP, estar sofrendo com as catástrofes naturais, tem água por todo canto mais sofrem com a seca, "isso é sobrenatural, quem faz é Deus, o RJ é a imagem do próprio Cristo, sofrem com os bandidos e vai ficar pior, aqui na Bahia são todos os outros, que eu chamo de "nada, do nada vieram e para o nada vão voltar", cada um toma conta de uma imagem específica, e chamamos de santo também, assim diz o meu Deus, essa é a cidade rainha deles, porem eu estou aqui a interceder por todos nós, essa será minha luta, contra demônios, eu, Deus, Jesus e o Espirito Santo, peço aos irmãos que orem muito, porque estar tudo no mar, contaminando nossos peixes, ficaremos sem pescar, mas podemos come-los vindo de outros mares, hê Deus missericordiosoooo". Todos vocês estão bestificados por essas duas bestas, isso quem diz é Deus, satanás estar nesse negócio até o talo, rindo de nossa cara, você era inocente até hoje, a parti de hoje, não é mais. Seja logo, quente ou frio, para Deus mandar seu filho aparecer nas nuvens, que ele já chegou aqui na terra, só que não conseguimos vê-lo ainda, só sentir! Deus manda dizer: Decidam-se! Deus me revelou que o oceano índico banha os países que são chamados de países mornos e que de lá veio todos os espíritos imundos, comandado pelo o dragão que sabemos onde ele mora né? Se liga. Explicarei com mais detalhes sobre essas revelações no próximo livro chamado "REVELAÇÃO". Eu, estava passeando pela net e vi um arquivo que me chamou a atenção, um dia eu li que essa religião vai tomar conta do mundo, logo, logo, ou seja, vão existir pouquíssimos cristões: *O Budismo é uma das religiões mundiais principais em termos de seguidores, distribuição geográfica e influência sócio-cultural. Enquanto é grandemente considerado uma religião "Oriental", está se tornando cada vez mais popular e de grande influência no mundo Ocidental também. O budismo é uma religião bastante peculiar, pois é uma religião bastante semelhante ao hinduísmo no fato de que ambos são chamados de religiões "orientais", ambos acreditam em Carma (ética de causa e efeito), Maya (natureza criativa e mágica da ilusão), Samsara (o ciclo de reencarnação), entre outras coisas. Os budistas acreditam que o objetivo principal da vida é o de alcançar a "iluminação", como eles acham que ela existe. O seu fundador foi Siddhartha Guatama. Ele nasceu à realeza na Índia mais ou menos 600 anos antes de Cristo. Como a história conta, ele viveu e cresceu de forma bastante luxuosa; chegou até mesmo a se casar e ter filhos com pouca exposição ao mundo externo. Seus pais queriam que ele fosse poupado da influência à religião ou da exposição à dor e sofrimento. No entanto, não demorou muito até que o seu abrigo fosse "invadido" e ele viu rapidamente um homem idoso, um homem doente e um cadáver. Sua quarta visão foi a de um monge sereno e asceta (um que nega qualquer tipo de luxo e conforto). Ao ver a sua serenidade, Buda decidiu se tornar um asceta também. Ele abandonou sua vida de riquezas e afluência para ir atrás da iluminação através da austeridade. Ele era muito talentoso nesse tipo de auto-mortificação e meditação intensa e era visto como um líder entre os seus companheiros. Eventualmente ele permitiu que seus esforços culminassem em um gesto final. Ele cedeu à sua "indulgência" e comeu uma tigela de arroz e sentou embaixo de uma figueira (também chamada de árvore Boddhi) para meditar até atingir a iluminação ou até morrer. Apesar de tantas angústias e tentações, ao nascer do dia seguinte, ele tinha finalmente alcançado a iluminação à qual tanto almejava. Por isso ele ficou conhecido como o 'ser iluminado' ou 'Buda'. Ele então pegou tudo o que tinha aprendido e começou a ensinar seus monges companheiros, com os quais já tinha alcançado grande influência. Cinco de seus companheiros se tornaram os primeiros de seus discípulos. O que Guatama descobriu? Iluminação encontra-se no "meio do caminho", não com indulgências luxuosas nem com auto-mortificação. Além disso, ele descobriu o que ficou conhecido como as 'Quatro Verdades Nobres' – (1) viver é sofrer (Dukha), (2) sofrimento é causado pelo desejo (Tanha, ou*

(meditação) e a concentração correta (foco).

Capítulo **5**

A CASA MAU ASOMBRADA

Em 1993 já fazia uns 3 meses que eu trabalhava lá na casa de Irlene, eu já tinha conhecido o pai de meu filho maior, "Julio", só que eu não queria ele, minhas amigas que saiam com ele para as baladas, eu não estava a fim de nada nesse tempo, só trabalho e estudo, eu estava na fossa, nesse tempo eu e minhas amigas começamos a procurar casa para alugar, pois o contrato tinha vencido e queríamos morar em uma casa maior, para isso precisamos chamar mais uma menina para dividirmos o aluguel. Finalmente encontramos uma casa, depois de tanto procurarmos, com um preço bem baixo e no mesmo bairro, "***Boca do Rio, a rua era na baixa fria, casa n. 11, que hoje é perto da igreja da irmã Marina, e com certeza ela já estava lá, só que eu não queria de maneira nenhuma ser crente nessa época, em 1993".*** Todo dia eu vinha dormir em casa para ir a escola a noite, "**sim porque era por cima de pau e pedra mais minha escola eu não deixava de ir",** dai começamos a vê um gato no telhado miando por dentro do telhado, quando a gente deitava e já estávamos quase dormindo ele aparecia, eu vi e falei a minha amiga Tereza, " **hoje já falecida com a**

doença chamada ELA, toda entrevada, sem falar, nem andar com 35 anos", e ela se espantou porque tinha visto também. Contamos para as outras duas e elas riram da gente, porque o modo que vimos não dava para acreditar, pois ele andava dentro do telhado entre as telhas e a madeira, e ali não cabe um gato, acho que não cabe nem um rato, imagine um gato. No dia seguinte vimos novamente e depois também, falávamos com elas e elas riam da gente. Dai desejamos que elas visem também para acreditar, e falamos: esse gato passa toda noite e a gente vê, tomara que vocês vejam também, só assim vão parar de rir da gente, e tem mais, o quarto fica todo gelado. O gelo do quarto logo elas perceberam, mais diziam ser porque o quarto era bem ventilado, eu e Tereza paramos até de entrar no quarto. Passou-se mais um tempo e as coisas ia se complicando, as outras duas bebiam que só um alambique e eu mais Tereza não, paramos um tempo, ficávamos em casa no final de semana, "trabalho e escola". Chamamos mais uma menina para morar com a gente, então ficamos em cinco, que veio para o nosso quarto. Uma delas começou a sentir algo e vê também algo quando fechava os olhos, tipo pesadelo, até aí tudo bem. Começamos a ter medo e a beber nos finais de semana, e quando bebíamos não víamos nada, só quando estávamos sóbrias, eu e a outra começamos a rir delas. Daí levávamos tudo na curtição, até que o quarto foi ficando cada vez mais gelado, a gente fechava as portas e mesmo assim, um gelo terrível tomava conta do quarto, elas falavam, e a gente ria e repetia: tá vendo, quem mandou duvidar, elas respondia rindo também: agora tá melhor que temos ar condicionado sem pagar conta de luz. As piadas só ia complicando a situação e do nada o interruptor geral da luz, que ficava no quarto delas, começou a desligar só, e isso nos deixava acuadas com medo de ir liga-lo, no início pensávamos que alguém de fora estava desligando a luz da gente lá do lado de fora. Quando isso acontecia elas duas vinham para o nosso quarto e pronto, no dia seguinte todo mundo ia trabalhar, dando risadas e saia contando na rua para todos o ocorrido. Ninguém ficava mais sozinha dentro de casa, estávamos todas apreensivas, "a luz apagando o gato andando, e começamos a ouvir umas pedras a cair no telhado", sempre pensávamos que era gente de fora, as outras duas começaram a chamar os namorados para dormir com a gente, ainda acreditávamos que fosse uma pessoa pregando peça, eu chamei dona Irlene da casa que eu trabalhava, para ela vê se sentia algum espirito, ela não viu e nem sentiu nada, nos indicaram um centro espirita ali perto, e fomos. Lá uma pessoa sem saber de nada se manifestou e nos assustou mandando a gente ir embora da casa se não ia nos matar. Teimamos e não saímos da casa. Mais ficamos com medo e começamos a sair de casa para beber todo dia, só para não vê mais nada, era trabalho no dia e a noite bar, dormíamos tontas, pronto, acabou por uns tempo, depois começou tudo de novo e a energia era desligada durante o dia, então eu fui vê e descobrimos então o caso da luz. O interruptor era duro para caramba de ligar e desligar. Liguei e chamei todas as 4 meninas para vim vê, e expliquei que aquilo da luz era meio que impossível acontecer, pois era muito duro passar de um lado para outro. Mesmo diante das evidencias não queríamos crê naquilo e achamos que o interruptor estava com problema, eu disse: é tá bom, vamos esquecer isso então, mas ficava sempre as perguntas, que não queriam calar... Passou um tempinho, e começou a desligar a noite novamente, a menina valentona da turma foi ligar, no escuro mesmo, quando ela estava já no meio do quarto de volta, o interruptor passou para o outro lado sozinho, ela retada xingando muito, voltou e ligou novamente, gritávamos de tanto medo, e no momento que ligou, sentiu a mão sacodir para cima na hora que o interruptor virou para o outro lado, ela saiu gritando também e com tudo escuro, quando chegou no nosso quarto que ficava de fronte para o dela, foi arremessada uma revista que estava lá no tal quarto, pavor total até os homens acreditaram, naquilo que viram, dormíamos todas agarradas uma na outra. Então os boatos se espalharam mais e mais e os outros caras queriam vê também, os amigos dos amigos, as meninas da outra rua e todo final de semana era uma festa lá em casa, tudo na bebida e na resenha, eu não gostava de nada disso, pois aprendi a respeitar essas coisas, e tudo só acontecia quando eu e a minha amiga Tereza estava lá com elas, eu explicava que com bebida não funcionava nada, a galera queria era farra e beber a noite toda para vê se via algo, mas nada acontecia. Foram dias e dias eles indo até que uma menina chamada Flora da casa espirita disse que a gente chamava espíritos com a sessão do copo, e explicou: que faz as letras do alfabeto e espalha ao redor do copo, todos ao mesmo tempo colocam os dedos no fundo do copo virado para baixo, e que nós iriamos fazendo as perguntas e ele respondia levando o copo até as letras, formando assim as respostas, "isso se ali tivesse alguma força espiritual", assim a gente fez. Todo mundo bebendo e brincando, eu ainda pedir a todos para orarmos um pai e nosso e uma ave Maria, mesmo achando errado fazer aquilo entrei na brincadeira, chamei Tereza, nos concentramos fechamos nossos olhos e começamos a fazermos as perguntas, a galera só ria e não se concentrava, minha amiga mandou todos calar para vê se ouvíamos algo, e rezamos mais um pai e nosso, quando de repente explodiu um copo no meio de nós que veio lá da cozinha que era perto da sala sem paredes, com o nosso copo não aconteceu nada e o mais intrigante foi vê que esse copo que quebrou, era antigo e que não era nosso, e exalou um cheiro horrível estranho de coisa bem velha, casa velha, sei lá, sabe quando você cheira uma velhinha que não toma banho? Era isso. Eu mostrei a eles os cacos, quando tomamos consciência do que aconteceu, porque por alguns segundos a energia tomou nossa mente, quando eu mostrei a eles e expliquei que não ouvimos o copo quebrar, e que aquele copo não era nosso, começamos a questionar e discutir, daí um vento forte abriu a porta de entrada e bateu forte, e ninguém ficou lá para vê mais nada, fomos para a rua, dormir nas casas das amigas. Depois não tivemos mais paz nem de dia nem de noite a qualquer hora acontecia algo sobrenatural, a gente fechava a porta de casa com a chave e ela se abria só, e daquele jeito, "ruemmm", nossa aquilo nos arrepiava, descíamos para vê quem era e ninguém tinha chegado, a porta estava realmente aberta, isso de manhã, antes de sairmos para o trabalho, eu não aguentava mais aquelas coisas e a noite eu estava com muito medo, orei o pai e nosso, e fechei meus olhos, comecei a ficar toda paralisada e gelada então me cobrir toda com medo, e vi um rapaz bonito em cima de mim, dizendo que era meu namorado e me fazendo carinho e eu fui me envolvendo naquilo, mas algo me dizia que isso não era normal, como era bom, fui deixando, "eu nunca tinha sentido aquilo com homem nenhum", no outro dia contei as meninas, elas disseram que eu estava precisando arrumar um homem, eu fiquei me sentindo ofendida, não queria ninguém. Então eu sonhava com aquilo todo dia, por uns 10 dias, eu comecei a orar e pedir a Deus um namorado, pois não gostava só de ficar, mais o que acontecia era isso, eu saia, vinha todos da balada para querer ficar comigo, até mulher me cantava, eu me retava, mais como tinha que escolher um, acabava sempre ficando com um para dançar. "eu era a rainha da festa", um puxava do lado outro do outro e eu me sentindo, eu escolhia um e ficava a noite inteira com ele, e no outro dia não tinha mais contato pois sempre perdia o telefone deles ou eu mesmo jogava fora. Lembro-me que um cara ficou apaixonado em um só encontro e eu o odiava, quando ele vinha me vê, eu não queria de jeito nenhum, o cara era lindo, alto dos olhos verdes, louro parecia um anjo e tinha o que as mulheres mais gostam, carro e dinheiro, ele estava alucinado por me, eu não quis mais ele, só por isso, meloso de mais, tudo de mais. Um príncipe, e eu só deixando o do sonho me envolver. Em um desses dias eu resolvi não querer aquele sonho, e comecei a pedir a Deus para me livrar daquilo, e eu entre dormindo e acordada, abria o olho e fechava e via o quarto todo, mas não conseguia acordar, sempre continuando de onde tinha parado, entende? Eu era inocente espiritualmente e achava bom aquilo tudo, no dia que eu resolvi não aceitar mais ele, vi aquilo se transformar em um bicho horrível, ele se transformou em um homem bem malhado, tanto que suas veias pareciam sair na pele, e sua pele era vermelha escura, a língua era de uma cobra, seus olhos amarelo com vermelho, cheio de veias aparente, os dedos das mãos bem compridos e pareciam terem uns três dedos enfileirados e só tinha quatro dedos na mão, unhas enormes, seu cabelo era marrom e ruim, o órgão sexual dele, se transformou em um gancho cheio de espinhos, tipo carcaça de peixe, eu fiquei apavorada e ele querendo me pegar com suas mãos e me passando sua língua em me, com a voz grossa, me babava, eu chamava por Deus e aquilo ficava mais irado comigo, eu xingava ele, ele vinha em cima, e o cheiro dele eu nunca esqueci, era aquele cheiro do copo, nunca mais senti cheiro igual, não quero nem lembrar disso, "que pesadelo", dessa vez eu fiquei molhada foi de suor de tanto lutar e com a impressão que estava com aquele cheiro, quando acordei. Eu naquele pesadelo e ninguém via nada porque eu nem me mexia, eu estava imóvel. Assim que abrir os meus olhos, eu falei com Tereza e resolvemos ir embora de lá, não dava mais para esperar, para achar casa grande para todas. Minha patroa foi nossa fiadora e ficamos num desses, quarto com banheiro, e chega de assombração "foi embora", lá não vi mais nada. Naquele momento que tive o pesadelo eu me peguei sério com Deus, e ele me revelou que aquilo era o diabo, eu ainda brincava dizendo que ele era o meu namorado, daqui a pouco do jeito que eu era iria me apaixonar pelo o diabo, eu só deixando ele fazer o que queria comigo, "que horror". E a igreja eu nem lembrava nessa época, e nem sabíamos que igreja tirava isso. O centro espirita eu não queria ir porque ficamos com muito medo desde a primeira vez que fomos, o jeito foi todo mundo sair dessa casa. Foi aí que Deus me mandou o pai do meu 1° filho, em umas dessas idas e vindas para procurar casa. Eu não quis logo de cara com medo dele ser casado, mais só por isso, como a paixão por aquele outro já tinha se acabado, não tinha nada a perder. Ele gostou de me logo de cara, e eu nada, não queria, eu gostava de homem mais velho, porem esse não queria, a minha amiga de olho no que ele tinha agarrou, e ele aceitou aí eu me retei mais ainda com ele. Ele vinha buscar ela para sair e ficava só me olhando, eu nem aí, estava estudando para as provas, a cabeça a mil, e ainda tinha que arrumar um lugar para ir morar, "eu ainda estava na casa assombrada", não estava com tempo. As energias pesavam a cada dia, uma mulher ia matando Tereza pensando que ela era a amante do seu marido, e quando já ia metendo a faca viu que não era a sua rival, "estranho aquilo, também", a nossa pia se abria só, o quarto lá fechado e aquela bagunça já de mudança, arrumamos nossas tralhas e fomos embora daquele inferno. Quando eu ia saindo da casa ainda fui dizer um desaforo para aquilo, então eu falei: já vou fique com a porcaria de sua casa e me deixe em paz. Foi quando a chave da porta do tal quarto foi jogada na gente, partimos a mil e nunca mais vimos nada dessas coisas! Assim, na real, não, só sonhos e pesadelos normais. Foi "sinistro isso é difícil até de lembrar", depois voltei lá na casa e perguntei se a família que alugou viam alguma coisa, elas disseram que nunca viram nada lá, eu fiquei calada e não quis me aprofundar nesse assunto. Logo larguei o emprego por que ela não podia mais me pagar, Julio largou a minha "amiga", só aguentou 3 meses, e começou a me procurar, marcamos para conversar, e fomos ficando meio que eu sem querer, ele me chamou para ir morar com ele e eu fui, isso **em 1994,** outra vida, paz completa e muita atenção, muito romântico me apaixonei, "minha salvação".

Capítulo 6

O AMOR VERDADEIRO/ÁGATA

Em **1999,** quando Deus me deu a dádiva de engravidar mais uma vez, e dessa vez do meu amado e esperado filho, o que é mais velho. Eu comecei a frequentar o centro espirita Paulo e Estevo em Amaralina, influenciada pela minha cunhada, que só queria me ajudar a passar pela dificuldade existente, sem grandes transtornos, pois eu estava com rubéola na gravidez e a indicação do médico era que eu abortasse esse filho, e o pai já pensando no que iria acontecer, que ia ter um filho com problemas, queria que eu abortasse também. Eu fiquei na luta só e Deus para decidir novamente se abortava ou não, claro que eu não queria e acreditava em Deus, mas diante de tanta pressão precisei de ajuda espiritual, foi quando conheci e comecei meu relacionamento com este centro, que para me foi minha ajuda, e meu refúgio na época. Passei lá três anos frequentando direto... meu filho nasceu lindo e perfeito, Comecei a entender o que acontecia comigo, e foi daí que sentir uma força muito grande e um amor pelo os outros muito forte, e por mim nem se fala... Lá eu senti o mesmo que sentia na igreja evangélica e o que senti no hospital quando fui curada, só que em escala crescente, entendi? Exemplo: centro espirita 1, igreja 2, e hospital na hora da minha cura 3, só que agora é 4 vezes mais, com o manifestar do Espirito Santo, e durante 7 dias quando eu recebi a unção de Deus era 10 vezes mais, meu corpo andava só, sem eu querer, minha boca falava só sem eu querer, e minha mente respondia tudo que eu perguntava de maneira clara e precisa, até outras línguas cheguei a falar, e agora falo uma língua estranha, que não sei o que falo, "no hospital tive um nível muito alto de entrega, fé e fui curada por Jesus Cristo o filho de Deus, único que cura," eu entrei em contato totalmente com Deus, o meu único Deus, e meu amigo te digo que se tu estiver até dentro do inferno e chamar por ele, ele vem e te ajuda, eu fui buscar Deus lá no centro espirita, e quando eles oravam, eu recebia minha benção, eu orava para Deus, eu buscava a Cristo e seus ensinamentos, se alguém vai buscar lá outra coisa ou o contato com outro ser, isso é com eles. Eu fui buscar a presença de Deus e senti, entendi? Lá eu vi caridade, amor e compaixão, eu já era uma pessoa boa mas aprendi a me tornar melhor e mais forte espiritualmente, e tenho a certeza que em mim existe um Deus muito poderoso que abita em meu ser, igual ao Deus de todos. Não cultuo imagem, o meu Deus é vivo e verdadeiro. Passei a notar isso por causa das pessoas que eu encontrava na rua, pois nem me conheciam e falavam comigo, palavras carinhosas, como: Bom dia; oi meu amor; você está linda; e etc... Homens, mulheres, crianças, velhinhas e até mesmo os cachorros que eu tinha medo, começaram a me cheirar, como se quisessem me dizer alguma coisa ou pedir, sei lá... Às vezes as pessoas perguntavam para mim: Eu posso te dar um abraço? Eu dizia: Claro estou aqui para isso! Era lindo sentir esse amor que eu sabia que era puro! Comecei a escrever mensagens, colocava-as na porta para todos pegarem, e minhas clientes gostavam muito de lê-las e Deus me deu meu 1º livro, "A VIDA DÁ EM DOBRO". Eu sabia que algo muito lindo estava acontecendo comigo, era uma luz muito forte. Foi aflorado o dom que Deus me deu de ajudar as pessoas através das palavras, como eu não tinha tempo de pregá-las, escrevia a hora que vinha às mensagens. Naquela época os "CRENTES", achavam que o que eu tinha era o demônio, EU PODERIA ATÉ TER ALGUMA INFLUÊNCIA NEGATIVA POR CAUSA DA BEBIDA, MAS SÓ INFLUÊNCIA, quando eu ia nas igrejas, eles ficavam me sacodindo, fazendo oração em minha cabeça, querendo forçar eu deitar no chão, e eu nunca cair. Não sei se vocês sabem, mais tem culto que é de libertação e as pessoas quando tem algum mal, caem no chão, e dormem no culto, é Deus trabalhando, porém quanto mais eles oravam na minha cabeça, eu só me enchia mais do que eu tenho, que hoje em dia busquei e sei que é o Espirito Santo de Deus. Lá no centro espirita eu aprendi a exercer o perdão, perdoei minha mãe, meu pai e finalmente meu padrasto, então quis todos junto de me novamente, e pedir a meu amado falecido marido Julio, para construir uma casinha para eles vim morar junto de mim, "eu a desenhei com meus próprios punhos, tão era grande meu sonho de tê-los perto de mim. O meu marido não queria pois alegava não ter dinheiro e dizia que minha mãe iria acabar nos separando, eu era junta com ele e não tinha casado como manda a lei de Deus, o meu sonho era casar em uma igreja, mas não deu e ele já tinha casado na igreja, disse que não poderia casar assim, e no papel também não queria, então escondi isso por muito tempo da minha família, até eu engravidar depois de 5 anos de união estável, ele não queria ter mais um filho pois já tinha dois do outro casamento.

Eu não estava mais aguentando viver sem ter filhos, "era meu sonho, casar e ter filhos", não me casei só me juntei, incomodava mas aprendi a aceitar isso, agora sem filho não! Era duro viver assim, até que eu lhe ameacei de ir embora se ele não me desse um filho, ele me amava cedeu os dois, o filho e a casa de minha mãe. Eu orei muito em casa no meu quarto com velas acesas e tudo, e pedia a nossa Senhora mãe de Jesus para me ajudar e interceder por me, junto a ele, foi uma época de muita oração para Julio ceder. Ele resolveu, tive o bebê e depois a casa, e pedir para minha mãe vim, "eu estava numa boa e feliz e por mais que eu lhes ajudasse, mandando dinheiro sempre que me pediam, eu queria eles aqui comigo, e lá era miséria total, "um poço sem fundo", quando o menino nasceu, queria minha mãe perto de me. **Em 2002** chegaram, e no outro dia, do nada o meu padrasto teve um infarto e morreu, não deu nem tempo de contar-lhe da mágoa que tinha dele. Eu fui buscar lá no centro espirita à minha salvação e o aprendizado sobre mim, que nada mais é do que eu (alma), pecadora e indefesa aqui na terra, que já conheço muito bem!...

Capítulo 7

A PRIMEIRA SEPARAÇÃO

Quando eu já tinha, minha mãe aqui e meu filho estava com uns 2 anos, começaram as discursões entre eu e meu marido, mais nenhuma briga séria, só desabafos, ele não ligava para nosso filho, e eu ficava chateada por cuidar do menino sozinha, eu não quis ninguém cuidando e quando resolvi querer não achava ninguém em quem eu pudesse confiar, eu queria trabalhar em alguma coisa, mas não tinha muita experiência em nada, só muitos certificados, "agora eu tinha tudo no currículo e não conseguia nada", vendas, datilografia, computação, formada em contabilidade, três anos de experiência, "no qual eu detestava", pintura a óleo, corte e costura e até um curso de modelo e manequim que fiz com 17 anos, manicure e pedicure, maquiagem, corte de cabelo, massagem terapêutica e linfática, beleza da mulher em geral, eu tinha certificado de tudo, Impostos de renda, icms, iss e outros impostos. Ele não queria que eu trabalhasse fora, isso eu já sabia, era uma discursão quando falávamos nisso "ele argumentava que iam me assediar, era puro ciúmes", e eu ia treinando nas costuras em casa, até que arrumei uma mulher para olhar o menino e comecei a costurar para fora, ele ficava ainda cismado de vê gente entrando e saindo de casa, "só mulheres é claro, ele me pediu isso e eu aceitei", daí comecei a pagar a ele as coisas que eu comprava no cartão, e quando ele viu que estava aumentando as clientes começou a ficar de cara feia, eu bem feliz e ele assim, eu me retava com ele, e sua atitude com o menino continuava, não brincava, não dava atenção, "o menino era o bebê mais bonito do prédio e muito inteligente, perfeito, eu não entendia porque, acho porque ele era velho e tinha perdido a graça com criança, sei lá", minha família eu nem ia vê-la, ele não deixava, só quando tinha um evento lá em casa eles vinham, eu ir lá, só na porta para levar algo, ele estava sempre com pressa, "eu me sentia presa e queria voltar a sair para as baladas, já tinha arrumado uma pessoa para ficar com o menino, e eu estava há três anos sem sair para dançar, eu gostava muito de carnaval e pagode. Um dia nosso filho perguntou: minha mãe cadê meu pai? Eu fiquei abismada! E lhe respondi olha seu pai aí, ele disse pensei que fosse o seu pai, porque ele não brinca comigo, como o pai do meu amiguinho? Desse dia em diante eu obriguei Julio a descer com ele para brincar de bola, mas era só isso que fazia e mas nada, passava o dia lendo e assistindo, pois ele era aposentado e não trabalhava mais. Eu vivi 12 anos com ele e em 2005 não teve outro jeito, separei, "ele disse que troquei ele pelo o pagode, ele odiava até o nome dos grupos, eu só queria sair um pouco de casa", nosso filho já estava com 5 anos, nem sentiu a falta do pai, mas eu obriguei ele vim buscar o menino nos finais de semana e assim nasceu finalmente o amor de pai e filho, era unha e carne os dois, "que se acabou aos 11 anos, seu amado pai morreu, nosso filho ficou muito triste e sente sua falta até hoje, eu fico pensando se eu não estivesse forçado esse amor, meu filho não tinha sofrido tanto e eu também sofro com ele". Eu encontrei logo depois de um ano esse outro namorado que hoje é meu marido, "minha cruz" foram muitas brigas e até agressões sérias, eu e esse novo namorado. Como era só nos finais de semana, o meu filho não via nada e meu ex-marido nunca soube que eu estava com outro, pedir segredo para meu filho, eu não queria que ele soubesse, para evitar qualquer coisa. Após 8 anos de oração apenas em casa no meu quarto, e na minha varanda ao som do mar e debaixo das luzes das estrelas do infinito céu azul, sem procurar nenhum lugar para orar, eu comecei a sentir a necessidade de voltar a procurar os ambientes de oração e fui voltando as visitas as igrejas evangélicas aos poucos, essas energias eram visíveis a olho nu, quando elas chegam agente ver logo, e só ver nosso estado físico e emocional, "muda logo", tudo nos incomoda, tudo nos tira do sério, tudo nos ofende, isso aconteceu depois que conheci uma "amiga", do meu namorado, dai desandou tudo dentro de casa, eu cheguei até sonhar com as intenções dela, mais ela era boazinha e nada deixava transparecer e pensei é mais um sonho bobo. Começaram a ocorrer coisas muito negativas, intrigas, brigas, inveja etc, até meu apto com minha vista para o mar eu perdi, e sem querer enxergar a verdade fiquei a mercê dessas forças negativas, daí comprei um apto menor e mais inferior, que fica bem perto dela e dele "namorado", diante do abismo, "na fronteira do inferno, Boca do Rio, aonde tem a maior concentração de espíritos imundos e até satanás se manifestou agora em 2017, em um amigo de Daniel e disse-me que estar morando lá e que vinha me visitar, e veio mesmo, "a luta foi grande entre eu e satanás, nunca sentir horror igual, mas Deus estava já aqui comigo, chegou primeiro com seus anjos". Naquela época não fui morar debaixo da ponte como meu ex-marido Julio queria, por que Deus é comigo, mas quase fui, aumentou meu desespero para pagar as contas, perdi metade das minhas clientes, por ter mudado de lugar, aumentou as bebidas e os gastos com elas, todo final de semana era briga com meu namorado Daniel, briga de agressão séria, e Deus na nossa cola só desviando dos perigos, até os ladrões começaram me enxergar e sempre era roubada nos lugares onde eu ia, quando não era roubada eu perdia ou quebrava, objetos de valores como celulares, eu perdi a conta de quantos foram, objetos domésticos dentro de casa se quebrando do nada, "Isso é um sinal físico muito sério quando tem inveja no ambiente, tudo começa a quebrar, se cuidem", é o demônio chamado "devorador", se ligou? A energia fica péssima, briga, intrigas, ciúmes e etc, até sua comida do nada azeda na geladeira sem falar nos animais que ficam doentes e até chegam a morrer do nada. Eu tinha uma miquinha que amava muito e ela apareceu doente e morreu, lá na casa da minha mãe o cachorro dela também amanheceu morto, o chão da casa dela se levantou todo também e o meu azulejo da cozinha caiu a parede toda, o pai do meu filho morreu, eu fui assaltada, "Se é que pode chamar aquilo de assalto, pois foi só uma moeda que caiu no chão e elas cismaram que era delas e eu só disse que era minha, elas me deram uma pedrada na cabeça quase furou meu olho, eram umas 6 mulheres em cima de me, eu disse que ia chamar a policia e mostrei o posto que ficava perto, então elas saíram correndo com medo, eu não era fácil e lhes dei muitas porradas também, lutei com todas elas, não sei como, eu nunca tinha brigado com ninguém, só com meu namorado, "Deus me livrou de algo pior", porque a policia nunca me socorreu, na mesma rua passei lá e eles disseram que não tinha ninguém lá, que lá não era um posto de denuncia e que eu tinha que ir para a nona delegacia, "imagine eu tinha que ir exatamente para onde as marginais tinha ido, que era o final de linha,", fiquei com medo delas me pegarem novamente e seguir para casa. Derramei rios de sangue e lágrimas", vivia caindo do nada e minha mãe também, depois fui atropelada quebrei a bacia e logo após, meu ex-marido morreu, outra grande perda para nós. Então eu tive outro sonho e Deus tocou no meu coração para eu fazer uma corrente de fé, pois estava afastada há 7 anos do centro espirita. Pensei bastante em voltar para o centro espirita, "pois eu dizia nunca vou deixar de ser espirita", isso por que via muita coisa errada   nas   igrejas   evangélicas, principalmente na Universal, nessa época a televisão estava falando muito mal dela. Pensei bem no sonho e decidir obedecer a Deus, porque quando tive o sonho foi com uma igreja evangélica, "vi claramente a garrafinha de água nas minhas mãos", só que fiquei sem saber o que aquele sonho queria dizer, pois quem fazia esse tipo de tratamento espiritual com água era o centro espirita e não a igreja. Depois de um tempo, eu liguei o rádio e lá estava um pastor falando de uma campanha com a gota do milagre e falou que tinha que levar uma garrafinha com água, eu me recordei logo do sonho e escutei com atenção, sentia a necessidade de recarregar as baterias. Então eu fiz a campanha com a água na **Igreja Universal**, e olha que eu falava que era o ultimo lugar aonde eu iria. Não simpatizava com a igreja, de tanto ouvir falarem mal dela, olha que ironia! De repente orei adormeci e me vi lá nessa igreja recebendo uma garrafa com água fluidificada, eu senti que era aviso de Deus e fui lá para igreja buscar essa tal água sem compromisso, só pegar a água, "**A gotinha do milagre**" daí comecei minha relação com essa igreja, dando início assim o tratamento, levei meu namorado e meu filho só para pegar a água, participei e interrompi, várias campanhas, mesmo o pastor avisando que não interrompesse a campanha". Mas vi algo acontecer, mesmo interrompendo todas elas e não fazendo direito, fiquei indo e "QUEBRANDO CORRENTES", isso ao longo de uns três anos, "Até o dia que fui levada para o hospital em **02.01.15**. Era a campanha da vela; a da água, a da rosa, a da nação dos vencedores, com vários segmentos que se perdura até hoje, a da arca da aliança, só não fui ainda na fogueira santa, mais o resto eu fui, eu e meu namorado. **"Eu lhes peço que se vocês começarem uma campanha, não interrompam por desleixo, isso faz mal a você, não é só nessa igreja, isso vale para qualquer uma igreja que você for, a coisa é séria, não vá por vaidade ou por brincadeira, leve a sério e não vá de cara logo se envolvendo em campanha, fique só de visitas e não pegue nenhum objeto se comprometendo com Deus, se vê que não vai cumprir sua promessa, não pegue, por pegar, não se comprometa".** Chegue atrasada, mas chegue, se faltar seja por outro motivo que Deus sabe, não pode ir mesmo! Deus na sua infinita bondade me perdoou. E essas idas a igreja, mesmo sem compromisso será que valeu apena? Olha, hoje vejo que minha busca valei, pois minha vida financeira mudou, eu ganhei meu 2° filho, deixei a bebida "Aleluia", ou ela me deixou! Deixei as baladas, deixei o carnaval, "hum, isso era minha vida, assim eu dizia", tudo para cuidar do bebê, até deixei de trabalhar, para me dedicar melhor a ele. E quando ele fez 1 ano e 7 meses em 2015, eu já estava querendo voltar a aprontar, "voltar para o mundo"! Sim, aprontar, porque eu era o cão na noite... Botava para quebrar e quebrava também, "só nas baladas", meu namorado para um lado e eu para o outro... Mas Deus não deixou, pois dei muito trabalho a Deus, "eu rodava a cidade toda procurando bar aberto e saia com pessoas desconhecidas, as que eu encontrava lá nas baladas". E meus filhos precisam de mim viva! Sim, porque Deus me livrava de várias coisas... Antes de vim morar nesse apto que foi o 2º apto, "Boca do Rio", minha vida era um sucesso em tudo, mais entrei em energias negativas por causa dessas pessoas que fui colocando em minha casa, até uma menina que eu não conhecia eu ajudei e coloquei dentro de minha casa, porque ela me disse que não tinha para onde ir, me compadeci dela e chamei para ficar lá comigo, então quando meu ex-marido morreu eu melhorei financeiramente e a contratei como domestica, pois ela trabalhava em uma casa e saiu do emprego "Eu não tinha maldade", não deu certo misturar amizade com trabalho e ela foi embora, agora depois de muito tempo ela reapareceu e vi quem realmente ela é, aquela outra se revelou logo também e o que ela queria era o meu namorado, esse mesmo que hoje é marido.

Capítulo 8

ATROPELAMENTO

Quem me conhece sabe que fui atropelada e quebrei a bacia, isso foi **em 2009** quando voltava do meu carnaval, e quase prejudicou por total minha profissão de costureira, mas Deus está comigo, e logo deu um jeito. "Não fiquei sem costurar, eu me lembro claramente de uma das minhas orações a Deus, onde pedir a ele que desse um jeito na minha vida para eu parar de beber e ficar mais em casa nos finais de semana, porque era agoniante ficar em casa sem sair para dançar e beber, era perturbador passar um final de semana sem sair, a ponto de até ir sozinha sem ninguém, no meu pedido pedir para Deus me amarrar na cama, para eu não sair de casa", porque eu começava a beber a tal da cervejinha e logo me dava a doida de sair por aí para ver as pessoas e dançar. Eu até cheguei a dizer a Deus como era que eu queria esse milagre, Senhor: Tu quebra-me, não sei como, mais não me deixe aleijada, só me quebre algo para eu ficar em casa sem ir a rua e sem poder beber, porque não sei ficar sem trabalhar e nem posso pois devo muito e quero pagar tudo. Então eu fui atropelada de leve, só para ficar em repouso em casa. Deus foi misericordioso comigo como sempre, "então eu não andava direito, como eu iria sair? nem bebia cerveja por causa das dores e do remédio, **pedido realizado**", só que ficaram as contas se acumulando em casa, aí comecei a assistir os programas evangélicos da igreja Renascer em Cristo, e mesmo sem poder andar direito, Deus me deu a direção, o cartão o vilão da minha vida eu devia R$ 5.000,00 a conta chegou de R$ mil e pouco e em suaves parcelas, quase tive um troço de alegria, o outro que eu bloqueie veio zero, chegou uma cliente lá em casa para eu fazer muitas costuras, mas eu estava em repouso e Deus tocou no meu coração para eu pegar o serviço, **"eu não falava diretamente com Deus ainda, não tinha o manifestar do espirito santo em mim, então ficava com aqueles pensamentos vazios sem resposta, porém acreditava em meus pensamentos, e quando eu não dava importância eu sempre me dava mal"**, então peguei, cobrei um preço mais caro e ela me comprou uma tv de plasma moderna para eu ficar assistindo no quarto, para descontar nas costuras, e tem mais em sete meses, o meu problema financeiro foi resolvido, "fiquei o que vocês chamam, bem de dinheiro", isso foi logo quando fiquei boa da bacia quebrada. "Lembro-me que antes disso tudo acontecer eu entrava no banheiro com o pacote de contas nas mãos e chorava sem ninguém saber, orando a Deus e pedindo uma solução, pois ali eu já estava impactada pelo o Espirito Santo e já desejava ser uma evangélica "crente", novamente. Por tanto quem quer que seja não pode falar que sou isso ou aquilo, e quem não me conhece procure conhecer, para não falar o que não sabe, e ferir a própria língua, "Deus estar vendo tudo e no controle da minha vida". Pois em mim abita o Senhor que abita em todos, "Jesus Cristo"... Qualquer dúvida chamem os conhecedores verdadeiros da palavra. Você conhece a frase? " Quando eu era menino eu fazia coisas de menino, agora cresci faço coisas de homem", então! Minha frase é essa " Quando eu era ignorante, sem respostas, precisava começar em algum lugar, e fui aonde achei melhor que foi o centro espirita", agora que evoluir e sei o caminho certo, preciso ir em outros lugares, para ter a certeza da minha missão sobre o que realmente vim fazer aqui nesse mundo de ilusões. Neste mesmo ano em 2009, após ficar boa da bacia quebrada e receber de Deus muito dinheiro, paguei tudo o que devia e comecei a beber novamente, "me sentia uma princesa, livre de tudo, eu que mandava no pedaço, me sentia poderosa e loura". Mas depois de tudo que me aconteceu e dessas providencias divina eu não ficava mais feliz em paz com minha cervejinha, e sempre pensava em voltar as igrejas evangélicas. Um dia eu estava bebendo em um bar de fronte a **igreja Batista da Boca do Rio** e fui atraída pelo um louvor, me deu vontade de entrar lá novamente, pois eu já havia visitado ela há algum tempo atrás, logo quando me separei, por causa da mulher que trabalhava lá em casa, "Néia", pois ela ficou com problemas porque não pude mais lhe pagar e teve que ir embora da minha casa, "são as causas da separação". Então ela teve uma forte crise da tal chamada "crise do pânico, também, igual a minha irmã", e eu levei ela nessa igreja umas duas vezes, "eu gostava de levar os outros a igreja e de mandar os outros ir, só que eu não, ia só para fazer companhia", nesse dia eu já estava bebendo e minha roupa era de balada, eu não usava saias curtas mais tinha um decote e a saia era um pouco curta, e quando eu ia a uma igreja eu só ia comportada sem beber e com roupas adequadas, como dessa vez eu estava bebendo, eu não quis entrar dentro da igreja, só entrei no pátio e quando a pastora viu que eu estava ali parou o que estava fazendo e mandou os colaboradores me chamar lá fora e eles falaram que ali não era para mim, me olharam de cima a baixo, eu estava com minhas mãos estendidas orando sem falar nada, fiquei do lado de fora da casa no pátio da igreja, quando eu vi eles vindo pensei que fossem me convidar para entrar, mas tive a surpresa de ser convidada a me retirar dali, foram até grosseiros nas palavras, e eu fui e sair de fininho, "NÃO ENTENDI NADA". Voltei para o bar... Um dia fui numa **igreja pentecostal** e a mulher do pastor que estava pregando começou a se sacudir, e se levantou com as mãos em posição de passe e foi lá para a frente com a outra que se diz estar cheia do Espirito Santo, e começou a se manifestar também, e eu achei normal porque as vezes acontecia isso comigo, só que não era na mesma intensidade com movimentos involuntários, que só quem tem sabe, é um algo sobrenatural e quase não comandamos esses movimentos, Deus nos usa e pronto, tudo é ele que faz, "isso hoje sei", é o trabalhar de Deus através de nós, isso vale também para outra manifestação espiritual, que já vi muitas também, até de demônios, "isso também tem nas igrejas e nenhuma estar livre desse tipo de manifestação", igrejas que não tem essas manifestações não tem trabalho espiritual, o Espirito Santo tem que descer em alguém, entendi? No meu caso eu ficava quietinha na cadeira imóvel orando, só recebendo o amor de Deus, "porque ele trabalha em silêncio até a hora que ele quer, e agindo Deus quem impedirá? É uma força incontrolável", eu ficava quieta até essa força chegar de vez, agora quando ele quer não dar para controlar, certo? "e nunca senti nada tão forte, como agora em 2017, tudo era silencioso em me". Naquela época quando eu vi essa senhora assim se manifestando, logo me veio o pensamento. "É, se fosse eu agora que estivesse assim, só por causa da minha roupa decotada, e porque não sou discípula dessa igreja e não sou crente ainda, iriam dizer que eu estou com o demônio, mas como é a mulher do pastor e a roupa está adequada, então, ela está com o Espirito Santo de Deus". "agora sei também que ela poderia estar com o espirito o contrário, aquele que Deus chama de, "**EU SOU,** O ORGULHO", e sei também que Deus usa qualquer um, em qualquer lugar, "ELE USOU ATÉ O JUMENTO, por que não eu?". Por tanto, nada a dizer do lugar onde aprendi e fui acolhida, pois quando eu vou em um lugar que fala de Deus é para me consertar e não para ver como se vestem, nem se o missionário é bonitinho... Faço minha parte e busco minha salvação, não

Capítulo 9

DOENÇA REPENTINA

No ano **2015,** já no meu 3º apto, lindo e maravilhoso, eu me revoltei com Deus, pois vim morar aqui para mudar tudo e afastar o meu marido das maus companhia e ele continuava a beber e tudo mais. Eu não bebia mais, e deixei de sair para as baladas e sempre estava indo para as igrejas, a meu vê, só por isso eu estava sendo correta com Deus e murmurava dizendo que Deus me jogou aqui nesse apto e deixou o resto para que eu resolvesse sozinha. Um dia meu marido me fez tanta raiva que rasguei a bíblia no meio e joguei no lixo, tão grande foi minha ira, e falei que Deus mudasse minha vida de qualquer jeito, não importava como, ou aquelas palavras da bíblia não valia de nada, e eu não ia mais as igrejas. As brigas não paravam mesmo com as campanhas da igreja universal, tinha tanto ódio e tanta mágoa no meu coração que eu pensava que iria morrer de tanta raiva, "o cara só chegava tarde e bêbado, não me ajudava em nada com relação as contas, como sempre, e tudo estava ficando igual o que era antes", chegou a dormir fora de casa e tomada por muito ódio rasguei a 2ª bíblia, sempre com murmuração e tirando Deus a prova, só porque eu seguia o caminho e ia as igrejas e pensava que estava certa de reclamar e fazer o que eu fazia, na verdade eu já me considerava crente e certa no caminho, mas meu coração cheio de ódio por meu marido, eu já queria separar, mais sempre colocava Deus na frente e ficava esperando ele resolver, "então eu pensava: viemos morar melhor e mudamos de vida financeira e nada dele mudar, eu fiz a minha parte e agora é com o Senhor, eu não saiu para as baladas, não bebo mas, só saiu para as igrejas, cuido de tudo sozinha e estou indo a igreja certinha nas campanhas, faço reuniões em casa com os irmãos e nada de mudança Senhor?" Eu queria tudo de vez, e reclamava: eu orando na igreja lutando pela família e ele nem chegava com meu carro para eu ir a igreja, "me revoltei e rasguei essa 2ª bíblia, e só Deus sabe o que eu falei na hora da revolta, cobrando muito de Deus, fiz que nem Moises cheia de ira rasguei a bíblia". No outro dia meu marido chegou daquele jeito, o pecado já estava feito e eu estava arrependida de ter rasgado a bíblia, mas a minha ira ainda era grande com Daniel, fui para cima dele ele se achando certo ainda no efeito das drogas deu um muro na mesa de vidro, quase que quebrou, eu voei com meus dois pés no peito dele, e dei uma voadora nele, que não sei como foi aquilo, ele caiu no chão e só se levantou no outro dia, pensei que estivesse morto, deixei ele lá mesmo no lugar, ele acordou ótimo e com fome eu já tinha matado minha ira e deu-lhe comida como sempre, tudo numa boa, ele ficou reclamando que estava todo doído, mas eu fiquei calada e até hoje, não sabe disso, perguntei onde dormiu, disse que na casa do vizinho aqui perto, aí esse vizinho que ficou na minha mira, pois era solteiro e estava levando meu marido para a rua, eu fiquei orando até que ele foi embora daqui, e pronto esqueci até de ter um dia rasgado mais uma bíblia, e sempre indo a igreja na luta, ele continuou a beber mas começou a chegar mais cedo para eu ir a igreja, ele sempre chegava atrasado dizendo que era por causa do trabalho. Passou um tempo e no fim do ano na noite de natal dia 24 de dezembro de 2015, eu estava bebendo só champanhe para aliviar o cansaço, pois não bebia mais nada, "trabalhei só, o dia todo, preparando a ceia de natal, e ele ficou de pegar a família", como sempre se encheu de bebida, não deu outra tivemos uma briga feia na presença de todos, "foi horrível para me e para todos, até o pequeno viu tudo e pediu para pararmos, ele me bateu na cabeça e eu unhei ele como era antigamente", tinha muita gente em nossa casa, até gente que eu nunca tinha visto, depois que aconteceu tudo isso ele foi para rua e a festa continuou sem ele é claro, quando passou tudo eu liguei e mandei ele subir como sempre, era uma coisa que nos pegava de repente e ia embora no mesmo momento, só para nos envergonhar, "a brecha que o demônio achava para entrar em nós era a bebida", depois meu celular sumiu e até hoje eu procuro. No dia **02.01.15** tudo mudou, a casa caiu para mim. Eu digo caiu a casa, porque eu fui mais uma vez perdoada e levantada por Deus. Tive um final de ano maravilhoso, mesmo com o atraso de meu marido e a falta de cooperação fiz de tudo para não me aborrecer, fiz tudo sozinha novamente e ele foi buscar meu pessoal já em cima da hora de sairmos para a praia, "esse era nosso destino todo ano", eu não quis beber muito, apesar de só beber espumantes, não bebi, fiquei como sempre fazendo as comidas, saímos a procura de uma praia e achamos um lugar lindo, até o nosso carro ficou dentro da festa, foi uma coisa inacreditável e uma energia inexplicável, ao lado da minha família, e de todos os que ali estavam, tudo lindo. No dia 01.01.15 feriado, fui a praia, e levei vários pratos de comida, novamente, o povo pensava que era para vender, e não acreditava no que estavam vendo, porque comecei a distribuir de graça... Foi uma festa ainda melhor. Mais um dia perfeito com a família, aí já tomei umas cervejinhas de leve. Logo a noite tudo normal coloquei o pequeno para mamar e adormecemos, 1 hora mais ou menos eu comecei a sonhar e me vi num outro quarto diferente do meu onde dormia, só a cama era a mesma, uma mulher falava sem parar no outro lado de uma espécie de biongo, que me tirava a visão, ela dizia: De hoje você não passará, vim lhe buscar! Eu meia tonta queria levantar mas não podia, e disse a ela: Venha aqui até a mim, pois não consigo lhe vê, ela veio, era uma mulher morena dos cabelos longo e preto, rosto e pele clara, não parecia a morte! Era bonitinha... Continuou a falar, vim lhe buscar, vamos logo pois já vim várias vezes e você não foi, lembra? Respondi, acho que lembro, e pegou minha mão, e começou a destrinchar minha vida, e a apontar meus erros, "muita bebida, baladas e **paixões erradas**", aí eu lembrei dos meus filhos e pedir para falar com o filho mais velho, para fazer umas recomendações a ele antes de ir com ela, ela disse que eu escrevesse porque não dava tempo! No sonho eu sentei-me na cama e comecei a escrever, em um pedaço de papel no formato de um coração, eu lembrava que meu filho tinha feito para mim dá no dia das mães, mas não me deu, eu olhava esse coração todo cortadinho dos lados, e escrevia: Filho, eu tenho que ir agora, desculpe a letra que está ruim, pois estou muito tonta e fraca, e parei por aí, já sem força na mão para concluir, no sonho minhas energias estavam se acabando, sentia uma fraqueza muito grande, que nunca senti, aí eu pensei meu Deus o que é isso, vou morrer, assim... E comecei a orar, a mulher falando pelos os cotovelos, de tudo o que eu aprontei, ai eu disse: Cadê o contrato? Ela respondeu: Que contrato? Eu não tenho nenhum contrato com você! Eu respondi, pois eu tenho! E o meu contrato é com Jesus Cristo, cadê? Ele mandou? Ela disse: Não sei de nada disso, só sei que hoje é seu dia, vamos logo... Puxou minha mão e eu chamei Jesus deixa eu falar com meu filho! E de repente fui voltando do sonho aos poucos, abrir os olhos com dificuldades e uma coisa querendo fazer eu dormir, aí pedir forças a Deus e fui mexendo os dedos e os olhos se abriram, olhei meu pequeno que dormia normal, e me esforcei para voltar os movimentos do corpo, olhei para o quarto do meu filho e vi que a luz ainda estava acesa, me levantei e me arrastei até o quarto do meu filho, sim me arrastei, pois era uma força pesada que estava sobre mim, que meu quadril não me deixava andar, e um peso na cabeça e ainda um barulhinho como se eu ainda estivesse lá no sonho, tipo um vento soprando... Só deu tempo de chegar e dizer filho eu acho que vou morrer agora, ele levantou e viu algo em mim, se assustou, e meu rosto se transformou, eu sentei-me na cama, e comecei a conta-lhe o sonho, meu rosto estava pesado, parecia que era derrame, a voz estava boa, a cabeça pensando normal, sem dor sem nada, só o peso e a fraqueza que a cada instante ia ficando mais forte. Eu mandei ele gravar tudo, mandei acordar meu marido, o outro também acordou, gravamos todas as recomendações, aí eu pensei... Agora eu vou, aí pensei não, vou morrer no hospital, porque é chato morrer em casa, eles vão ficar assombrados... Então pedir a meu marido para me levar logo, ele dizia, não você não vai morrer, eu já toda sem movimento disse: Me leva logo, vão lhe acusar de omissão de socorro. E pegaram minha bolsa, e fomos para o Hospital da Bahia, quando chegou lá eu comecei a orar e comecei a tremer toda, como uma crise de epiléticos, me levaram logo para o atendimento, aquela coisa em cima de mim, pesando e fazendo barulho na minha cabeça... Horrível, passei 28 dias lá, vendo muitas coisas, e tendo visões, o meu corpo não deitava, todo duro, eu não dormia, pois vinha aquela coisa mais pesada ainda, muita oração, o médico não sabia o que era, os dias se passando e eu morria e voltava, no mesmo momento, tudo em mim normal: Pressão, temperatura, pulso e etc. Ele descobriu uma tal de enzima cpk que estava muito alta, quase 4.000mil, quando o normal era 92,00. Com três dias meu corpo queimava, como se eu estivesse no fogo, principalmente meu coração, e o médico não sabia explicar aquilo, começou a fazer exames: Coração, cabeça, sangue todo dia, vários coletores, e nada de saber o que eu tinha. Lembrei-me de uma palavra que ouvi em uma igreja há muito tempo, que a pastora falou comigo, mas nem liguei, achava bobagens, "ERA SOBRE UMA TAL PANELA DE PRESSÃO que explodia, vale de ossos secos, sei lá, fiquei imaginando que era para me aquela palavra", Aí foi que perdi as esperanças e aceitei a morte, e comecei a falar com Jesus, só pensava nos meus filhos que ainda precisava de mim, principalmente o pequeno, pois mamava e não comia direito ainda. Nessa noite eu avisei da agonia que estava sentindo no coração e os enfermeiros vinham a toda hora tirar a pressão, olhar os pulsos, a temperatura, porque eu tremia de frio, estava fria, e dizia que estava queimando, eles não entendia nada, achavam que eu estava doida, pois tudo estava normal... Na madrugada a irmã da igreja Pentecostal, que também visito, estava do meu lado, dormia feito uma pedra, e eu comecei a entrar em um estado de dormência, só minha mente estava boa, com olhos bem abertos para não fechar, com medo de não vê a hora da morte, e daquela mulher me levar. Vi uma força sobrenatural chegando como se fosse uma água enchendo o quarto, só que na vertical, começou pelo os meus pés, que ardiam e queimavam, como fogo, e foi subindo tirando o frio e a ardência, de todo o corpo, até chegar no meu coração que era o que mais ardia, eu fiquei imóvel, orando e pensando bobagens, do tipo vou morrer, e dizia a Jesus: só vou com o senhor, não mande ninguém que não vou, quando o senhor mostrar seu rosto eu vou, só que aquilo era tão bom, que deixei e aceitei sem medo, pois a outra coisa era pesada, ardia e me queimava, e essa não, então eu repetia, inúmeras vezes, a frase "Os designíos de Deus são grandes, eu acredito em milagres", Naquilo a força pegou minha mão, e levou até meu coração, que ardia muito, digo levou porque eu não me movia, eu senti minha mão segurando meu coração, dentro de mim, como se minha mão estivesse afundado na carne, sem dor sem nada, e foi aliviando a ardência, meu coração batia forte e eu pensava mais bobagens, e dizia Senhor vai me aliviar para me queimar depois não é? Sim porque o quarto estava muito quente e eu sentia o cheiro forte de coisa queimando como os fios de energia esquentando, daí pensava que iria incendiar o meu corpo. Mesmo assim dava obrigado, meu coração acelerado, minhas mãos não se mexia, meu corpo travado na cama, e a voz não saia. Estava ali só com ele e acordada, e conversava pelo o pensamento de olhos bem arregalados para vê tudo, ninguém da enfermaria chegava para nada. Ficou tudo diserto, a irmã dormia como uma pedra, e eu perguntava: O Senhor vai me curar ou me levar, porque está usando minhas mãos, e não as mãos da irmã? O poder de Deus sobre mim e eu fazendo essas perguntas e dizendo que queria vê-lo, a água se fazia mais presente eu olhava e pensava que eu iria vê-lo, ai se desfazia, ficava mais transparente, um vento forte entrou e fez a porta abrir e fechar, batendo forte, um sustão no meu coração acelerando-o, aí um perfume tomou conta do meu quarto, olhei o soro que estava meio ainda, começou a se balançar e vi a cor dele amarelar,   aí eu dizia o Senhor transformou o soro em perfume? Para me ungir, e me limpar? O soro se balançava mais, e o vento aumentava, eu dizia quero me livrar desse acesso Senhor, o acesso ficava pesado e parecia está saindo a cada momento, "o engraçado é que lá não tem vento é tudo lacrado as janelas para não entrar bactérias e a porta é muito grossa e pesada", o pensamento vinha, dizendo que eu tinha que tomar todo o soro, o cheiro de perfume ficava mais forte me confundindo, e eu dizia nunca senti cheiro igual é minha hora mesmo... Aí fechei os olhos e me entreguei a Jesus, quando gritei "JESUS, JESUS, JESUS, e o grito saiu, a irmã acordou, os enfermeiros vieram, eu desliguei e acordei, com as enfermeiras me chamando, e colocando remédio na minha boca, só que foi expulso no mesmo instante, junto com uma gosma horrível... Eu dura ali, nada se movia. Eles tiraram a pressão, normal, o pulso normal, coração normal, foram embora, para buscar ajuda... Aquela energia, saiu do quarto, era uma água com uns pontinhos imperceptíveis de luzes, mas continuou na minha mão. Vi coisas durante todo o dia, foi um horror para os enfermeiros, do leito 805, tomava o soro e sentia sair, pela urina ali na cama mesmo. Eu via tudo mas não podia me mover. Eles pensaram que eu estava doida... Mas só eu e Deus sabia o que estava acontecendo. Isso foi só uma prévia de tudo que me aconteceu no Hospital da Bahia... Daquele dia em diante fiquei curada da ardência e aceitei Jesus lá mesmo pela irmã da Pentecostal, depois uma irmã que trabalhava lá no hospital, que era da Igreja Universal e depois aceitei também, com um irmão da assembleia, aceitei três vezes, lá no hospital... Era só eles chegarem e me perguntar se eu aceitava Jesus e eu dizia sim, aí fazíamos a oração e o juramento. Eu comecei as campanhas para tirar o olho gordo e continuei indo por muito tempo, as coisas melhoraram muito nessa época, principalmente a vida financeira, mais o olho gordo só aumentou e fizeram até macumba de novo para mim e meu marido, isso foi revelado na igreja. Busquei e milagres aconteceram, não vou mentir... **Por isso digo agora que não é a igreja, "o lugar físico",** e sim, "você, sua fé e o missionário", o resto Deus termina, pode crer! Busque o melhor para você! Ore, ore uma vez mais e ele te guiará com lembretes e mensagem no dia-a-dia. Esteja atenta, as coisas e as pessoas que passam por você, "Pessoas, frases, coisas, sonhos, são boas respostas na vida". E acredite olho grosso, quando não mata aleija, e se não tivermos Jesus, balbal... Se cuidem, essas pessoas podem está do seu lado. Eu não tenho medo de nada, e tenho fé em Deus, mas mesmo orando e vigiando quase cai, quer dizer, cai, mas Deus me levantei imediatamente. Ainda me recuperando quando cheguei em casa corri para a igreja universal e continuei a pegar aqueles objetos que dão lá e a água também. Logo quando sair do hospital em 28 de fevereiro de 2015, fui em uma igreja daqui de perto, nem nome tinha, era pequena e simples, logo de cara gostei da atenção, nos deram logo um livrinho de mensagens aonde o culto foi ditado todo por ele. Era o livro do próprio missionário, a bíblia estava do lado. Até aí tudo bem! Mas observando a imagem que estampava a parede, vi que se tratava da foto do próprio missionário, aí começou o culto, lemos um trecho do livro e terminou o culto rapidinho, fomos para casa, orei e perguntei a Deus: Será que essa é a minha igreja? Pois eu também escrevo, mensagens e vou ter a oportunidade de passa-las, mas aquela foto me incomodava, achei estranho, resolvi fazer mais uma visita em outro dia diferente, para ouvi a palavra de Deus, Bíblia na mão e nada de ser aberta... "NUNCA MAIS FUI LÁ". Depois ouvi no rádio que eles fazem um tipo de pacto com um anjo e isso não achei bom, pois o diabo se disfarça de anjo também, e como você vai saber quem vem de lá, se é um ou outro, ele também tem livre arbítrio e essa é a palavra que ele mais usa quando alega sobre nossas falhas, sempre nos acusando, **"segredo espiritual revelado para me agora em 2016"**, alias, satanás é um anjo mentiroso e astuto, sua ousadia é grande, não pense que ele se veste de preto ou de vermelho, ele usa a luz também para nos enganar e ama a cor branca, ele toma a forma que ele quer para nos confundir, tudo por causa do livre arbítrio entendi? o Senhor estar me treinando e me mostrando quem ele é e o que ele faz para nos pegar, para cada coisa que existe neste mundo material, existe um tipo de demônio diferente atuando e nos influenciando, isso está embutido nos pecados capitais, que não são mais sete, são 21, "a chefe desses pecados é a **serpente** e sua música é: sete, sete são quatorze, três vezes sete 21, tenho sete namorados e não me caso com nenhum", aí estar embutido, a prostituição que é a destruição das famílias; a ambição que corrompem os seres humanos; a vaidade que em excesso é um veneno ao espirito e ao corpo que é templo; a malícia das dancinhas que estar corrompendo as nossas crianças com o balanço dos quadris, sensualidade; por fim a traição que é típica dela, tudo concentrado em um só demônio que é a **serpente,** imagine, nos outros que é pior que a serpente, pois a serpente foi a nossa herança do mau a que Deus nos submeteu, após escolhermos a arvore do conhecimento, logo no início de tudo "**pecado primário**". Eu queria mesmo continuar a ser crente e desta vez cumprir minha promessa e o juramento que fiz a Deus lá no hospital, que foi o de me tornar uma serva Dele, fui em outra igreja, desta vez a igreja do sétimo dia, era festa, estava linda, dia de batismo, os irmãos pegando a fila para o batismo, aí eu disse é agora que Deus me leva, vou para a fila me batizar, comecei a orar e me encher do que estava em me no dia da minha cura lá no hospital. Quando ouvir a voz do pastor que falou: Só pode pegar a fila quem é da igreja e quem estudou e deu o nome aqui. Quem quiser se batizar tem que se formar nas escrituras, e estudar muito. Eu abrir os olhos e disse: hum, não vai ser desta vez! Aí fiquei observando, achei tudo muito frio sem emoção espiritual. Aí lembrando do batismo da igreja do véu, que todo mundo ia se tremendo levado pelo o Espírito Santo, perguntei a meu irmão, porque na hora do batismo eles não estavam se tremendo com o Espírito Santo? Meu irmão respondeu: Aqui não tem esse negócio de ficar tremendo com Espírito Santo não! Você estuda a bíblia e se batiza normal, o resto é só não comer carne de porco, nem nada que venha das entranhas dos animais e principalmente guardar os sábados, e pronto. "Agora lá mesmo na hora tinha uma senhorinha que era da igreja já a alguns anos e o pastor até falou com ela, que se levantou, para ir a fila, só que a coitada não sabia ler e estava doida para se batizar, eu fiquei imaginando se eles vão abrir uma exceção para a velhinha de já tem mais de 70 anos, porque como ela vai se formar nas escrituras? Analfabeta e já velha! Semana passada foi novamente e vi que eles são crentes que usam muito a teologia e conhecem a bíblia a fundo, eles tem até escolas que formam seus iniciantes, até aí muito bom, para me maravilha, agora e o manifestar do ESPIRITO SANTO DE DEUS, vai ser quando, eu tinha sede disso, não me sosseguei enquanto não conseguir, eu não estudei a bíblia e Deus me batizou com seu ESPIRITO, eta Deus bom, Deus de maravilha, nem fiz a lição e me deu dez! Com o passar do tempo em que escrevo esse livro, eu tive a oportunidade de conhecer mais essa igreja e visitei mais vezes e veja que ironia! Minha mãe que tem também 70 anos e que é analfabeta foi batizada lá nessa igreja, essa foi a minha resposta, o espirito santo se manifesta de várias formas e de vários jeito, tem coisa no mundo espiritual que ninguém sabe, só Deus sabe o porque de tudo, ele tem me usado e se manifestado sobrenaturalmente, só por causa das minhas perguntas, eu me meti em querer saber de mais e ele não me poupou, sendo sempre misericordioso comigo, e me dando a carga espiritual que eu posso aguentar. Estou vivendo o sobrenatural de Deus, fatos estranhos tem me acontecido que contarei mais adiante, nesse caminho de perguntas e respostas, não posso mais voltar, já estou sabendo de mais de Deus para fingir que não vi e não sei de nada ou para brincar de ser

Capítulo 10

Em busca ao que os crentes tinham, "o mover do Espirito Santo de Deus".

Depois que sair do hospital em 28.01.2015, fiz o que prometi a Deus, sair do hospital direto para a igreja universal, para agradecer a Deus pela cura, "como essa igreja era a que eu estava frequentando na época que fui para o hospital, então foi a 1ª que visitei", e não dava mais para negar que algo sobrenatural aconteceu comigo, no outro dia eu desci aqui perto, em busca de ouvi mais a palavra de Deus, eu pensava sempre em uma igreja Pentecostal que era a da irmã da Boca do Rio que eu já estava me acostumando ou Assembleia de Deus que também gostava da Doutrina, fui na segunda-feira, e não achei nenhuma igreja aberta, fui na quarta-feira fechado nem uma", e entrei na igreja que estava aberta no terceiro dia, aquela que faz pacto com o anjo, fui em outra na outra semana que gostei muito, mais era quieta de mais, me deram um papelzinho de um sorteio de um relógio que era para ajudar a igreja e fiquei me perguntando se aquilo era correto diante de Deus, "fiquei pensando, cá comigo, sorteio, sei não, já sou errada e na igreja errada eu não quero ficar, isso era o que satanás fazia comigo me oprimindo e me culpando de tudo, era a roupa diferente da minha, porque eu uso calça comprida e lá as irmãs não usam, a maquiagem elas não usam, decote elas não usam, unhas elas não pintam, "não porque eu goste de pintar as unhas, mas eu olhava tudo," brincos também não usam, tudo eu olhava, mais não para falar mal e sim para ser uma verdadeira crente, dei ofertas na segunda vez, e fui aparentemente mais crente de vestido até, mas algo faltava, não senti nada lá, as irmãs já me tratavam como se eu já pertencesse a igreja e eu amava isso, mas o esfriamento da igreja, não me deixava ir mais vezes, até que passando na rua em um outro dia vi uma igrejinha que nem tinha placa de igreja e nem cara de igreja, mas me chamou atenção e pensei quero vim para essa, pelo o menos ela é cheia e eu não gosto de igreja vazia, "outra mentira que satanás me soprava, eu achava que se a igreja estivesse fazia Deus não operava". Em um dia de festa eu cheguei nessa outra igreja, já me senti bem, adorava festas, não tinha nem lugar para eu sentar, observei tudo os adolescentes alegres, os louvores, a palavra de Deus lida, interpretada e revelada, tudo como eu gosto, a oração e a manifestação do Espirito santo, aí eu senti algo e pensei, achei minha igreja, é aqui que ficarei, ainda bem que é pentecostal e eu não vou deixar a irmã Marina triste, ela vai gostar que achei uma igreja como a dela, na mesma doutrina. Comecei a frequentar e no terceiro dia passando na porta vi que colocaram o nome, ela não era pentecostal, ela fazia parte da doutrina da Assembleia de Deus, eu fiquei surpresa, e contei a irmã Marina, e até levei ela lá para pedir ajuda ao irmão para fazer uns cultos lá na irmã Marina que é da pentecostal, ele até foi. Tudo bem, eu continuei lá por mais ou menos um ano, indo uma vez por semana, para conhecer a doutrina. Começou uma campanha e eu participei, queria mesmo ser crente, e estava me libertando espiritualmente do resto das minhas mazelas que era as mágoas e a ira que eu sentia por meu atual marido, eu me sentava na ultima fileira lá no fundo quietinha e ficava só orando e as vezes chorando, acho que eles pensavam que eu era depressiva pois chorava muito, mas digo que não, eu sentia a presença de Deus lá e sentia ele me cuidando por isso o choro. Eu até pensava em um dia louvar lá na frente, mais naqueles dias eu só queria o Espirito Santo, e mesmo que o pastor me chamasse eu não iria só pela a carne, eu era travada na igreja por causa do meu opressor não conseguia nem falar imagine cantar, eu era totalmente extrovertida no mundo e na igreja eu me sentia amarrada, travada, só sentia Deus me envolvendo, era muito bom aquilo, e a cada dia ficava mais forte, eu só ia os cultos para sentir isso, essa paz, a pesar de morrer de vergonha de chorar na igreja e de ir sozinha, "outra opressão demoníaca", eu lutava por amor a Cristo, lá também tinha a questão da roupa, mas eu já via brincos, maquiagem, esmaltes, porque lá tinha outras visitantes, e assim eu ia me achegando na igreja sem muitas culpas, e foi aí que começou um desejo forte de receber aquilo que eles recebiam, eu achava lindo aqueles adolescentes servindo a Deus e recebendo o Espirito Santo, eu comecei a me senti bem lá para orar e fui me soltando espiritualmente como quando estou em casa, no meu quarto. Eu fiz a campanha para derrubar o gigante onde a queda eu sempre questionava na minha oração, pois a minha luta era para receber o Espirito Santo, e eu não sabia o que estava me impedindo isso, pois eu achava que era eu mesma, ou meu marido que me fazia raiva, chegando tarde, então eu pensava, quando o irmão mandava eu orar para derrubar o gigante, em quem eu vou jogar essa pedra Deus, me mostre meu gigante que não conheço, eu pensava e orava seja feita a tua vontade Senhor, e entrego hoje essa pedra a te para derrubar ele, eu só quero receber o Espirito Santo, o resto pago no cartão de crédito e divido nas parcelas, manda esse Espirito Santo de vez e me mostre logo se isso existe ou essa manifestação é mentira dos crentes, no terceiro dia a mão que estava a pedra pesou tanto que meu braço ficou doendo, depois meus pés e minha cabeça. A noite fui acordada para orar, eu orava deitada mesmo sem força para levantar. Os meus braços não levantavam totalmente, isso depois do hospital, eu pensava que era normal pois, tinha engordado muito, e fiquei só levantando um pouco, após alguns dias dessa campanha fui estender as roupas no varal e meus braços se levantaram, com facilidade, eu fiquei admirada foi um milagre, isso também. Nos meses que eu estava fazendo a campanha Deus tirou um mioma, eu cheguei até a levar os exames para dar o testemunho mas não consegui, travada nem pedir nada ao pastor, eu chorava de felicidade por Deus estar alí me cuidando, eu sentia isso. Enquanto isso eu orava em casa desesperadamente pedindo o manifestar do Espirito Santo em me. Sabe como eu falava né: sim Deus, o senhor tirou o mioma, obrigado, consertou meus braços, obrigado, e o Espirito santo, quando é que vai me dar? Acabou a campanha e nada de Espirito santo, então eu falei com ele e perguntei: Espirito Santo o que eu te fiz e o que eu faço de tão grave que não quer saber de me, pois eu abandonei tudo para ir a igreja e meu desejo é servi a Deus, e você não entra em me, porque, sou tão suja assim? O que te fiz? Isso foi minha oração, por muitas horas deitada na cama antes de pegar no sono, nesse dia eu quase morri de tanto chorar, foi aí que sentir algo em me e me fez dormir, no outro dia eu me admirei por estar viva, ufa, eu peguei pesado nunca mais vou chamar o Espirito Santo assim, vou terminar tendo um avc, e nada dele vim, ele não gosta de me. Passou uns três dias e orei normal para Jesus e lembrei a ele do dia do hospital e pedi que me limpasse de tudo que estava no meu coração, então coloquei minha mão encima do peito e comecei a orar e lhe implorei essa limpeza, foi lindo tudo ficou leve em mim, meu coração queimava como fogo e eu suava muito mas não chorava mais, a ardência aliviou e eu adormeci crendo que minha sujeira tinha ido embora. No outro dia eu estava bem, diferente, paciente, calma e sem sentimento nenhum no coração, parecia que eu não tinha nem coração, "estranho aquilo", a paz completa, raiva nenhuma, as pessoas do mundo diferente, as plantas com uma luz estranha como se eu estivesse tomado cerveja e estivesse voando no mundo da lua, na paz, tudo lindo, tudo bom, tudo maravilhoso, pensamentos puros e sentindo a energia da terra, meus ouvidos ficaram apurados para ouvi melhor os irmãos e em nada eu via coisa ruim, até as palavras ruins eram boas aos meus ouvidos, me ensinando o amor, "Jesus estava em me, trabalhando com certeza", Passou uns dias e a irmã Marina me chamou para subir no monte do stiep, eu fui pois Já tinha sonhado há alguns dias que eu estava lá, ela também disse que Deus lhe mandou me levar ao monte para darmos início aos trabalhos na igreja dela, ela até falou que eu iria começar a abrir os cultos, isso tudo Deus lhe orientando, e eu disse admirada e apavorada: como irmã! eu não consigo, sou travada com relação a isso, até quero mais não consigo, e falei: só se Deus me jogar lá na frente sobrenaturalmente porque só por me, sei que não vou, ela riu e eu também. Era para irmos naquela mesma semana mais não deu então eu fui lá na casa dela, entramos na igreja, só eu e ela, fomos orar um pouquinho e ela mandou eu orar em voz alta, e ironizou, "ora em voz alta pois como é que vai abrir cultos, orando assim", isso no dia 24 de setembro de 2016, nunca tinha feito isso, como só tinha eu e ela aceitei e comecei a orar, o pai nosso, minha voz foi aumentando, depois pedir a Deus para nos ajudar nos trabalhos da igreja e ousei em dizer que ele não deixasse a palavra dos irmãos que estiveram ali no seu altar profetizando uma igreja cheia de fies, que Deus não deixasse de maneira alguma a palavra deles cair no chão, quando fechei minha boca uma força sobrenatural me pegou pelo o pé, e me fez andar de costas nas pontas dos calcanhares até a porta de entrada e minha boca falou sobre os demônios que querem entrar nas igrejas e profetizei que ali ele não iria entrar, por Deus estar lá. Dai fiquei presa lá na porta como se eu estivesse de guarda, a irmã me chamando e eu lhe disse: irmã não sou eu que quero ficar aqui não, meus pés estavam presos lá na porta de entrada, aí ela ungiu meus pés pois eles estavam colados no chão, algo muito estranho estava acontecendo, nunca tinha sentido isso com essa intensidade. Pronto obedecemos e fomos ao monte, e no primeiro dia que subir com meu marido e a irmã não aconteceu nada, eu senti de ir três dias e fomos no outro dia, meu marido não foi, então eu e a irmã oramos, e nos separamos uma da outra, ela foi para um lado falar com Deus e eu fui para o outro lado, parei em pé na beira de uma plantinha e comecei a orar, então uma força me fez abrir a boca, senti como se alguém forçava ficar aberta, eu não conseguia fechar, minha cabeça foi colocada para cima de cara para o sol bem quente e meu corpo sem movimento, duro eu estava presa ali, e fiquei ali dura parada com muita dor nas pernas por todo o tempo, fiquei lá só e a irmã não estava vendo o que eu estava sentindo, pois ela se recolheu debaixo do arbusto por causa do sol, quando minha boca se abriu eu pedir: Senhor me limpa tira esses demônios de dentro de me, que quero trabalhar para te, sei que não sou santa e que tenho ainda muitas mágoas, daí eu vi uns irmãos de outra igreja orando lá no meio do monte e eu dizia a Deus: Senhor é aquilo que quero olha lá, os irmãos estão rodando com o Espirito Santo e estão alegres orando e cantando porque o senhor não me dá logo isso, por que não eu? Eu não entendia a minha boca aberta e já doendo mas mesmo assim eu agradecia a Deus porque eu pensava que Deus estava tirando os bichos que estavam em me, minha boca estava doendo muito, mais eu não desistia pedia a ele para me limpar, das mágoas; das coisas ruins, mas Deus colocou algo na minha boca, agradeci mais uma vez e pedir para me sentar, isso porque eu estava naquela posição há um bom tempo, com a boca aberta de cara para cima, sem eu poder me mexer, meu rosto estava queimando do sol quente do meio dia, então minhas pernas amoleceram e me sentei sem entender nada. Dai a irmã me chamou para ir embora, oramos e fomos para casa, eu não disse nada a ela sobre isso, fiquei normal como antes. No dia seguinte fui novamente e dei 7 voltas no monte vestida de rosa como Deus tocou no meu coração, que era para dar essa roupa rosa ao filho da irmã Marina que é homossexual, e assim eu fiz, sentei no arbusto tomei água e me encostei no barranco, novamente fiquei orando e senti algo diferente, deu nosso horário oramos e quando levantei já para vim embora, algo me jogou lá na arreia quente do monte de cara, quase comi areia, orei e não fazia nada mais que rir de me mesmo, com a cara na areia, pois pedir para vê e vi, era igual o que acontecia com os crentes, Amém, fui batizada com o mover do Espirito Santo tudo de vez, como eu pedir. Pronto isso nunca mais foi embora, até hoje, que vai fazer um ano nesse mês, 24horas por dia estou ligada com ele, e com esse manifestar, tanto no corpo quanto na boca, falo uma língua estranha, não entendo nada do que falo ela sai só, pedi para ser filha de Deus e para ele nunca mais me abandonar, dê o que der, Amém.

Tem coisa para nós que parece ruim, mas para Deus ela é boa para nós, aguenta aí irmão, nossa vitória é certa, Deus realmente fala comigo.

O ESPIRITO SANTO DE DEUS NÃO É UM POMBO, É UM ANJO EM FORMA DE

Capítulo 11

A luta para permanecer crente

Desde este dia que nada mais foi igual, o que Deus colocou em me não saiu mas, e foi aumentando durante a noite, eu andava quase voando, sem controlar o meu corpo, Deus colocou em me algo muito forte, os meus movimentos ficaram involuntários, minha boca falava só, meu pensamento bem claro me avisava de tudo e respondia tudo quanto eu perguntava, quando não era a minha própria boca que se abria e respondia a me mesmo, eu adquirir uma língua estranha que estar em me até hoje, quando foi na manhã seguinte eu já estava retirando tudo do meu quarto e fazendo tipo uma faxina espiritual, eu não, o que Deus me deu, não era o meu querer, tanto é que fiquei abatida de tanto trabalhar, de tanto limpar a minha casa, espiritualmente e materialmente. Era tão forte que não conseguia parar, alias eu não queria parar, estava feliz com ele, pois ele me dizia que aquilo era necessário para a minha libertação espiritual, eu queria obedecer a Deus e não ligava para cansaço, fiquei em jejum só no café com leite e no suco de pacote sabor uva, ungindo toda a casa parte por parte, 24hs por dia durante sete dias. Eu tirei todos os objetos que representava o diabo, símbolos satânicos, como marcas de roupas e suas figuras satânicas e a cada trabalho terminado eu via uma coisa que Deus gostava, eu dei o nome daquilo de life, era como um jogo para me, eu pulava quando encontrava a tal coisa abençoada, as vezes era uma coisa sem valor nenhum, mas Deus mandava eu pegar e guardar, "eu me lembrei quando meu filho jogava no computador e ganhava nos seus joguinhos, chamando aquilo de life, que significava um brinde", todos achavam aquilo coisa de doido, pois eu nunca brinquei com meu filho e detesto jogos de computadores, até hoje detesto. Deus me dizia que satanás fez ele jogar um jogo pela minha alma, achando que Deus iria desistir de mim e porque eu detesto jogo eu também iria desistir de jogar, isto é fazer o que Deus me pedia, então eu comecei a fazer tudo que o mestre mandou, "nesse caso Deus", ele dizia que fui escolhida porque eu detesto jogo, e satanás achou que eu fosse desistir de servi a Deus por causa disso, mas eu não desistir e aceitei os joguinhos de satanás, "era uma loucura pensar assim e sempre eu pedia a Deus perdão por esses pensamentos, mas Deus me confirmava que era isso mesmo, "um jogo e eu tinha que ganhar, quando eu não ganhava eu pagava, com um sacrifício, um deles foi meu marido me levar ao hospício aonde eu tinha mais pavor de ir na minha vida, **"tomar injeção de louca"**, a primeira vez só me deram injeção e me mandaram para casa de volta, fiquei com medo de ficar lá presa, mas fui com Deus e ele me dizia que era só parte do jogo. Nossa eu passei minha vida inteira pedindo a Deus para não ficar louca, pois tive um sonho há muito tempo atrás e lá ficava dopada tomando remédios até ficar doida realmente sem forças, no sonho eu morria e deixava meu filho mais velho ainda pequeno, deixando ele sozinho. Mas quando chegou o dia de realmente eu ir para essa prova, Deus estava comigo e me dizia tudo que eu precisava saber, fiquei tranquila e feliz, ao chegar lá dentro, pois fui me recordando do sonho e Deus me orientando para eu não ficar nervosa, no sonho eu corria e me jogava pela janela voando logo depois, quando cheguei lá vi logo a janela e o corredor igual do sonho, eu não me contive de emoção, e tudo o que tinha lá era igual ao sonho, era como se eu já estivesse estado lá antes, eu ia me lembrando de tudo que um dia sonhei. eu via o objeto e vinha a revelação do que eu estava fazendo, e por que de cada gesto meu, pois a minha voz eu também não dominava, nem minha boca, nem meu caminhar, nem meus gestos, só meu pensamento estava claro e com respostas para tudo automaticamente, no segundo dia meu marido chamou a pastora Marina que me diagnosticou de doida ou com um espirito ao contrario, "eu só orava e falava de Deus e revelava tudo a eles dois, a meu marido e a irmã Marina", mesmo sendo ela que me levou para o monte em nome de Deus, ela duvidava, nunca viu coisa igual. Eu ficava triste mais não parava de trabalhar ungindo todas as peças da minha casa, ela ficou aqui comigo, só assistindo tv, e sempre dizendo que eu estava doida, eu dizia que não, que não era eu que fazia aquilo e ela repetia, esta doida". Daí meu filho e meu marido, chamou minha mãe que também disse que eu estava doida e eu já estava rouca de tanto dizer que não era eu, não esqueci um só detalhe destes dias, me machucaram dizendo que eu estava doida, me humilharam, e até meu marido me agrediu de tanto nervoso quando eu falei sério com a irmã e ela achou que eu fosse agredi-la, alegando que eu estava ficando violenta, porque Deus disse que ela que tinha um Espirito ao contrário, sem amor no coração. Chamaram aquele pastor da Assembleia de Deus do Brasil, daqui do bairro da paz, da igreja que eu estava frequentando a quase um ano, ele veio com sua esposa, e sei que o mesmo diagnostico me deram, "doida", chegou até a argumentar que eu era uma mulher culta que escrevia livro e como eu estava deixando aquilo me dominar, e me chamou para orar, aí eu disse agora o Espirito Santo fala com ele que não estou doida, mas que nada ele nem sentiu nada e eu fiquei com minha dor e minha loucura, amém. Eles foram embora, fiquei na sacada do meu prédio e comecei a pregar a palavra de Deus e suas revelações, coisa que jamais eu faria, estando normal, aí meu marido chamou a samu para me internar, após eu me indignar com a pastora Marina por me chamar de doida mais uma vez, então eu falei a verdade de Deus para ela, e disse que ele me revelou que ela era que tinha um espirito ao contrário e que ela precisava se libertar disso, "falta de amor", ela retou se sentiu ofendida e disse que eu estava agredindo ela, e disse que eu estava com o demônio que peguei no monte e que ela estava arrependida de ter me levado lá no monte em nome de Deus, eu pedir a Deus para que fizesse justiça por ela não acreditar em me e duvidar daquilo que estava em me que era ELE. A samu chegou eu não queria ir mais me levaram a força, tudo era uma viaje e eu estava confiante pois Deus me acalmava e eu não sentia medo de nada, lá me deram uma injeção de louco, quase morri de tanta fraqueza, e lembrei logo da morte do dia do hospital, vim para casa, mas não dormi, continuei trabalhando, Deus falava comigo até usando a tv, era revelação de tudo, até da luta espiritual DELE e dos seus anjos para manter o plano de salvação de Jesus Cristo, que foi uma aliança dos dois para nos salvar, falou que eu estava lhe ajudando no plano espiritual de salvação, assim minha boca falava sem eu perceber, "coisa de doido, né?", ele me deu o dom de desmanchar feitiços e as maldições familiares, eu estava apenas sendo treinada, com sete dias tudo limpei e tudo se acalmou mais em me, vale lembrar que eu não estava tomando nenhum remédio, não tinha sido internada ainda, pois nesses sete dias eu visitei o hospício duas vezes, por meu marido me levar e ninguém me deixava lá, só tomei injeção, tinha que terminar os trabalhos de Deus. Eu chamei Neia para vim ficar uns dias comigo e ela veio, então meu marido e ela me fizeram uma traição colocaram muito remédio de louco dentro de um vaso de suco, esses remédios eram os que Neia tomava a vida inteira, eu na minha luta espiritual só bebia suco de uva e café com leite, então o suco ficou uns três dias lá na geladeira pois quando eles vinham me dá eu não queria, quando tudo se acalmou eu vi o suco na jara e tomei todo uns três copos, eu já estava boa de tudo e comecei a ficar muito fraca então comecei a senti sensação de morte, como aquela vez do hospital, tive que ser levada para emergência e lá fiquei sabendo de toda a historia do remédio, eles me fizeram uma lavagens e me deram soro, eu sentia que iria morrer, já desmaiando e com o coração acelerado, eu me retei com Neia e com Daniel meu marido, eles disseram que queria que eu dormisse um pouco, mas acho que Daniel colocou muito remédio. Desde este dia que ele ficou mas compreensivo comigo e não tentou me medicar por ele mesmo, até a terceira manifestação de Deus aqui em casa que ele me levou para o hospício de novo, a Neia foi embora com o remédio de doida dela e eu continuei com meu Deus, ele não me deixava, eu estava com muita unção era 24hs por dia orando e manifestada. Tudo se acalmou mais, porém não foi embora, era só eu entrar em contato e ele voltava, então no domingo fui fazer uma reunião na praia com o pastor da igreja da irmã Marina que é pastora também, ela não foi pois nasceu algo estranho no pé dela e não conseguia mas andar, estava se arrastando pelo o chão que nem culto fazia mas, eu fui busca-la para ficar cuidando dela aqui em casa, eu já sabia pois ela duvidou, do que ela pediu a Deus. Daí esse mesmo pastou começou uma campanha lá na igreja dela, ela não queria nem ir ao culto da sua igreja e eu insisti para ela ir mesmo se arrastando, era só atravessar a porta, eu e Daniel chamamos as pessoas e organizamos o culto, e quando ela viu a igreja enchendo ficou nervosa, eu disse para ela se acalmar que Deus ia trabalhar lá naquelas pessoas, ela não podia fazer nada e ficou sem querer entrar na igreja, então aconteceu algo estranho, pois na hora que o pastor foi abrir a igreja algo jogou ele no chão perdeu o sentido, eu orei na cabeça dele, então ele voltou, parecia que estava morrendo. Ele levantou e eu mesmo abrir a igreja, o culto começou e ela resolveu entrar na igreja mesmo se arrastando, eu fui já para trabalhar na igreja e na hora que o Espirito Santo começou a trabalhar, a pastora Marina não gostou e mandou eu me sentar, até com rispidez, "gritou comigo", eu me sentei e não pude fazer o trabalho de Deus, fui interrompida por ela, então não quis mais ir nos outros dias, o espirito santo trabalhou ali mesmo comigo sentada, mais não foi a mesma coisa que seria comigo em pé, ela não gostou e o Espirito Santo não trabalha na força, pois tudo é verdadeiro e com amor, "as pessoas que perderam a benção de Deus". Eu quase caia da cadeira de tanta unção, sem me conter por estar ali parada sem fazer nada, com tantos demônios passando ali na porta, inclusive dentro da casa dela, que ainda precisa fazer uma limpeza como a minha e ungir tudo. A igreja que eu frequentava a quase um ano não fui mais por vergonha de ele ter me chamado de doida, a irmã Marina continuei ajudando pelo o que estava em me que sei é Deus. Eu não pude ir lá trabalhar, porque Deus não trabalha assim na força e ela tinha que aceitar eu lá, o pé dela ficou doente até agora em março 2017, agora não pode nem abrir a igreja. Demorou muito sofrendo com dor e com o pé doente eu me compadeci dela e quando subi ao monte com a outra igreja eu comecei a pedir por ela e pela igreja dela, apesar de avisar a ela e a Daniel que aquilo era da parte de Deus, para quebrar o orgulho dela e a falta de amor dela, ele e ela foram procurar vários médicos e nada de dar certo, então quando fui ao monte pedir para terminar o castigo, achei que foi por causa daquelas palavras minha, e foi, pois logo quando acabou a campanha do monte ela ficou boa. Começou a abrir a igreja novamente, com seu pezinho ótimo, então eu comecei a ir lá de novo, mas ela ainda não acredita no que estar em me e duvida que é de Deus, agora já depois de um tempo, nasceu outro no outro pé dela, hoje é 04 de setembro, dia 15 vai começar essa campanha, eu estou subindo ao monte com uma outra igreja já, "igreja Evangélica os Filhos de Deus", e intercedendo por ela, eu estou sempre fazendo jejum, "pois essa campanha é de libertação, tem que se ligar no alto", ela me chamou só para lhe ajudar na parte material e não sei o que Deus fará lá através de me, "ela esperou nascer outra coisa no pé para me chamar, é teimosa com Deus, apesar de tanta experiência, já velha na lei", Deus não me deixou mais ir lá nos cultos, Eu dei um tempo de ir lá na igreja dela, no entanto eu não poderia deixar de frequentar as igrejas, então orientada por Deus desci aqui perto mesmo, e quando eu desci, eu já estava com o Espirito Santo de Deus, parei com o carro na igreja Batista Beterda, daqui do bairro da paz e entrei lá, neste dia tinha uma reunião, a qual diz ser para evangelizar as pessoas da rua, ela é uma igreja tradicional e de cara gostei da ideia do pastor, pois eu queria trabalhar de qualquer forma na igreja, poderia ser até para limpar o vaso da privada, mas eu estava ali pronta a cooperar na igreja do meu PAI, cheguei até a me oferecer para fazer a limpeza com a outra irmã, assim como já tinha me oferecido para limpar aquela que eu frequentava, "igreja Assembleia do Brasil do pastor Levi", a um ano e eles acharam que eu não estava falando sério por eles pensar que sou rica, sei lá, "sou rica das graças de Deus, agora sim me sinto rica", comprei até o material de limpeza e fiquei só aguardando ser chamada e nada. Então nessa igreja Batista, eu me ofereci de novo para limpar a igreja, só que dessa vez quem ia limpar era o Espirito Santo, pois ele estava em me e eu sabia que era uma limpeza diferente junto com a limpeza material, pois Deus já tinha me treinado para esse tipo de limpeza, eles também não me chamaram e olha que sempre eu pedia a irmã para me avisar o dia da faxina, "era grátis o que eu ia fazer, será que pensaram que eu ia cobrar". Continuei indo nos cultos e vi que lá não tem trabalho espiritual, como as campanhas de quebra de maldições familiares, e cheguei a pensar em falar com o pastor para ele fazer uma, eu estava pronta para ajudar, "na batalha espiritual", mas nas reuniões comecei a ver que não ia dá para falar nada do que estava sentindo, eu senti o esfriamento total de tudo e do nada começaram a falar sobre doutrina de igrejas, eles disseram que lá é assim e a doutrina é essa tradicional. E disseram quem vem de outras igrejas é bom nem ficar lá, porque já vem com outra doutrina e outros ensinamentos e falou: para nós não é interessante ficar com esse tipo de discípulo, porque queremos gente nova na fé, fiquei calada e tomei a carapuça, vi que aquilo era comigo, por causa de um fato acontecido anteriormente, sobre uma revelação que o discípulo deles teve em um sonho, eu tinha tido um sonho parecido e confirmei junto com ele na rede social da igreja, e o pastor viu aquilo e não gostou do que Deus lhe avisou e me tirou da rede social imediatamente, "punição". Eu sonhei que o diabo estava dando risadas deles no telhado enquanto eles faziam aqueles ensinamentos tradicionais, sem o mover do Espirito Santo, como se o diabo quisesse dizer que não ia adiantar nada aquilo, sem a limpeza espiritual da igreja, tudo da carne para encher a igreja de fies novamente. Enquanto Deus e seus anjos estava na guerra Espiritual, eles estava começando do começo para ainda discipular as leis de Deus, como Moises. Pois Jesus já veio e já mandou o Espirito de revelação e todos já conhece os dez mandamentos, e todos já sabe que Jesus nos ama, temos é que estar ligados sempre no Espirito da revelação para pregar e ensinar e falar, antes de qualquer coisa, e sem fazer a devida limpeza dos seus discípulos, ungindo, jejuando e se santificando não funciona o discipulado, "isso digo por que já vi e já fui assim, porque ninguém gosta do trabalho dos testemunhos de Jeová, quando eles se aproximam, as pessoas falam: lá vem esses chatos testemunhos de Jeová", essas pessoas nem tem respeito pelo o apelido de Deus que é Jeová, nem sentem a besteira que falam, só de repúdio ao papo dos tais crentes, que são os testemunhos de jeová, falam essas coisas, "esses ímpios são todos iguais, não tem paciência para a palavra de Deus, eu também era assim, minha mãe odiava esses crentes testemunhos de Jeová". Quem discípula é o Espirito Santo de Deus, não nós, por nós mesmos, "carne", aí o que vai acontecer é afastar o que quer compromisso sério com Deus e só chatear os outros com palavras vãs, da carne. Eu respeitei e não fiquei lá nessa outra igreja Batista, pois da frieza eu já tinha vindo, sou da guerra, agora sou viva, sou quente e sou batizada com o Espirito Santo de Deus e não posso oprimir o que estar em me, não quero e não devo. Chorei, lutei, busquei, me rasguei pedindo perdão a Deus, gritei, suei, fiquei doente, subi no monte, quase morri, e fiquei com a cara toda queimada no monte, para receber o Espirito Santo de Deus, e ele me deu uma coisa que só ele sabe, me deu tudo de vez, derramou uma unção para derrubar os demônios e eu agora vou recuar, por causa de pastor desligado, não meu irmão, se Deus desse a ele a metade do que Deus me deu, eles pensariam diferente e sentiriam que o que eu tenho é de Deus, eu não desistir e comecei a ir em outra igreja, eu já tinha ido uma vez nela mas estava fria e não fiquei, lá também, era como se eu procurasse o poder de Deus manifestado e não achava lá nessas igrejas frias, então eu saia. O pastor é o mesmo, as irmãs são as mesmas mais algo mudou lá e não foi só a pintura, foi o altar de Deus que ficou do jeito que Deus gosta, que é sempre limpo e ungido com flores, mesmo que de plásticos, todos os utensílios do altar tem que ungir e oferecer a Deus, "consagrar", mesmo que seja a igreja mais humilde do mundo ele quer seu altar impecável com as luzes acessas, e em amor e respeito a ele teríamos que ficar descalços no altar, pois o mundo espiritual é assim e nossa consciência sabe disso, altar não é palco, e as igrejas estão fazendo-o de palcos com dancinhas gospels e tudo mais, a coisa mais importante do altar somos nós e temos que nos ungir todos os dias antes dos cultos, e para subi no altar tem que jejuar, um dia antes, pois não sabemos que força vamos enfrentar, no dia seguinte. Aí a dança é do Espirito Santo de Deus e ele dança a dança do corpo inteiro não dos quadris, se alguém dançar dessa forma é a **serpente,** não seu espirito, ele dança sacudindo os membros e a cabeça e o seu corpo só segui esses movimentos. "Se liga irmão e observe isso", amém. Salvador é aonde tem a serpente de sete cabeças é o único lugar do mundo que tem essa cobra, "a deusa da alegria", entendi? A dança aqui é com os quadris, totalmente satânico, "revelação", pode confirmar com Deus. Estou cá eu hoje nessa igreja ungida por Deus e que fez uma nova aliança com Deus, isso o que Deus mais me falou, **"nova aliança, e guerra espiritual, para recebermos as novas revelações, para o fim do novo começo"**, foi tudo que Deus me falou sobre as igrejas, luta espiritual, oração, **união das igrejas que são os irmãos, Deus quer unificação das igrejas,** e unção para a nova hera que é a da revelação completa do que virar nesses **tempos difíceis para os cegos que não querem Deus**, e **fácies para os amados de Deus**, abrindo totalmente os olhos deles para não caí em cilada do demônio, porque os selos foram abertos e só tem um livro agora para ser revelado, lá no céu já estar sendo julgado seus anjos pois satanás teve a astucia de pedir o julgamento dos anjos de Deus. Está chegando nosso dia, amém, **"justiça** é a palavra espiritual desse ano 2017 e ela vem do céu não da terra". Isso foi o que Deus me revelou nos meus dias de acusação, satanás me acusou de tudo até do que eu comi, eu pedir esse julgamento antecipado, pois não queria pecar mais contra meu pai e queria ser limpa para trabalhar para ele, a limpeza é uma luta diária, eu sofro muito, e passo por coisa que acho que se vier para vocês, será como estar escrito, "vão pedir para morrer e não vão poder morrer", não é o meu caso, eu digo a ele que me deixe viva pois sei que é só um teste e terei que viver muito e fazer a sua vontade até a minha ultima energia, eu passo por esse aperto espiritual agora, até as igrejas parecem não me aceitar, Deus estar me revelando as coisas que sempre lhe perguntei e por causa de tanta revelação tive que fazer vários sacrifícios aqui em casa mesmo, e daí meu marido me internou por eu estar com o manifestar do Espirito Santo de Deus, pois nada parou depois que eu recebi a unção e só veio aumentando a cada dia, eu fui com essa igreja ao monte para interceder por ela e todas as igrejas, o nome dela é Igreja Evangélica Os Filhos de Deus, fica no Bairro da Paz. Deus se manifestou lá no monte do mesmo jeito que ele se manifesta em me, os irmãos não me conhecia e não sei o que eles pensam sobre me, no inicio estava tudo uma maravilha, porém eu fui internada no hospício e comentei a uma irmã de lá, e as coisas senti que mudou, sinto como se eu estivesse com uma doença contagiosa, "os irmãos mudaram comigo", eu voltei do manicômio e continuei indo lá normalmente e por respeito comentei isso com a irmã, e mais nada, então no longo do tempo senti uma certa distancia da parte de alguns membros de lá, eu fui no monte com eles e recebi mais da parte de Deus e continuei a segunda etapa da limpeza espiritual, isso tudo eu e Deus fazendo, nenhum pastor me mandou fazer nada, só o pastor Jesus Cristo, então quando acabou a campanha do monte da igreja Os filhos de Deus, comecei a sentir aquilo que recebi no monte do stiep quando fui com a irmã Marina da pentecostal, a igreja recebeu de Deus o avivamento que eles foram buscar no monte e eu quase que saia de lá voando de tanta unção, meus pés quase nem pisava no chão, e daí começou uma grande batalha espiritual, eu fui orientada para interceder por todos das igrejas, e começou uma grande guerra Espiritual, na minha casa ao ponto de meu marido me levar internada ao hospício por causa da minha obediência a Deus, tudo era como um jogo, onde eu tinha que correr contra o tempo, porque satanás estava me acusando de tudo, era como um julgamento final, era tudo real e bem claro na minha mente, mas quem estava de fora dela achava que era loucura, principalmente as pessoas da minha casa, esses dias de luta fiquei aqui em casa lutando só mais Deus, ele me orientava até pela tv, quando eu duvidava que era ele, eu pensava estou doida mesmo, aí vinha os programas na tv e os personagens, falavam comigo, de forma sobrenatural, só confirmando o que eu deveria fazer, daí eu falava com meu marido e mostrava na tv, e ele achava eu mais doida ainda, fiz muitas coisas até ele não aguentar mais e me levar para o hospício. Isso foi logo quando eu voltei do monte, quase que voando, Deus me mandou, limpar o resto da casa ungindo tudo novamente, Deus me mandou ir ao mercado e me ensinou o que era da parte dele e o que era da parte de satanás, "tipo as marcas das comidas oferecidas para satanás e as oferecidas para ele", eu ia só pegando as coisas e ele dizendo essa não, essa sim, Deus me ensinou tudo sobre as marcas de roupas que devemos usar, e fez eu retirar da minha casa tudo que era satânico, como símbolos de roupas, roupas velhas rasgadas, e até as novas, tudo que tinham esses tais símbolos como por exemplo: caveiras, homem aranha, os monstros de todas as espécies de desenhos aminados, menos os robôs e as maquinas eletrônicas isso já ungido antes não foi pedido para eu jogar fora, as biju mais velhas sem valor foi fora, e outras que não tinha ungido no meu corpo e não tinha ido a igreja com elas, até as novas que nunca usei, eu ainda queria discutir e exclamava: mais Senhor essas eu nem usei ainda! Ele dizia joga, satanás lhe acusa, então eu obedecia, joguei roupas, celulares novos sem uso, era dois e joguei os dois, o engraçado é que depois apareceu um aqui, só foi um embora, isso foi estranho porque eu joguei os dois, e Deus dizia me encorajando: hoje é o seu ultimo dia aqui na terra, nada você vai levar, então joguei tudo que Deus mandou, ele só não pediu para eu jogar minhas músicas da minha autoria, que ele mesmo me deu através de sonhos, esse computador e o computador do meu filho, e todos os documentos dos meus bens ele poupou, por me eu também tinha jogado, estava doida para chegar no céu logo, "era uma coisa de doido mesmo", as minhas pinturas a óleo, ele disse que era uma vaidade minha e satanás me acusava porque eu dizia que amava as artes mas que tudo, era como se eu tivesse dado valor as artes mais que a Deus, e joguei no lixo, tudo de fotos do passado, revistas, papeis de contas velhas pagas, Deus me dava bronca, até isso tu guardou? joga! A minha tv grande da sala era que falava comigo e eu dizia e pedia a Deus que deixasse ela por ultimo pois, eu me confundia as vezes nas ordem e satanás também falava na minha mente e me apertava a mente de tal jeito que ou eu jogava ou eu ia com ele, e isso eu não queria mesmo, era como se fosse o ultimo dia na terra, isso eu já tinha vindo de uma noite inteira de luta com ele sem dormir, eu estava como doida pelejando para salvar a minha alma e a alma de meu filho mais velho e a do meu marido também, que só me atrapalhava pegando as coisas no lixo de volta ele parecia mais doido do que eu, pegando tudo. Minhas máquinas da costura Deus deixou, nada da cozinha ele mandou jogar fora, sagrado oferecido a ele, ventilador velho foi ao lixo, porque eu tinha comprado do mais barato com dinheiro para comprar o melhor, entendi? O teclado de musica ficou, a guitarra ficou, tudo já ungido anteriormente, agora Deus disse: se fosse um violão ia para o lixo pois isso é de satanás, o de Deus é o violino, o cavaquinho, a percussão é satânica, atabaques também, maracás com contas "tereres", também tudo dos heres, **depois Deus vai fazer a limpa nas igrejas de tudo isso que foi revelado a me, seus instrumentos musicais, vão ser separados dos de satanás, Deus limpa, Deus usa, Deus revela, faxina neles Senhor, amém"**, assim vai ficar todo mundo doido igual a me, amém. Deus por ultimo mandou eu pegar o celular do meu filho, aí eu fiquei sem saber o que fazer e corri para pegar o celular dele, esse celular é para meu filho como se fosse o bem mais precioso para ele, mas que Deus, mas que eu, mas que tudo, pois é o que faz ele se divertir, pedir a Deus perdão e fui deixando o celular nas mãos dele, satanás me acusava, Deus dizia que meu filho já estava morto e eu na luta, não acreditava pois via ele ali na minha frente de carne e osso, Deus dizia: obedeça pegue o celular da mão dele, se não a alma dele fica com satanás, eu na agonia peguei, e o meu filho gritando, não mãe, não mãe, e eu quase soltei de novo na mão dele, mais vi algo no meu filho sobrenatural como se seu rosto estivesse desfigurando e morrendo então tomei e corri com o celular para o lugar do lixo do prédio, porque, tudo foi jogado lá fora de casa, não servia se eu jogasse no próprio lixo de casa, meu marido foi buscar e depois chegou a vez da tv, grande aí meu filho já estava na sala e me segurou firme me deu uma gravata mas eu não desistia pois era o ultimo dia da terra e eu não queria ficar no milênio com satanás, por ultimo minhas joias foram para o lixo e meu marido chamou seu cunhado por que as chaves do carro tinha desaparecido, mas não foi eu que tinha jogado, Deus não mandou eu jogar as chaves do carro, ele era ungido na igreja, eu sonhava de fazer uma campanha e entregar aos fies umas caixinhas com umas rosinhas de plásticos e isso foi o que Deus me fez jogar primeiro no lixo, mesmo ungido, me dizendo que era amoletos tudo que se dava nessas igrejas, menos as águas para as curas e o azeite para unção, e assim foi minha limpeza o resto escreverei no outro livro chamado revelação.   Deus me mandou levar a oferta que eu tinha prometido a igreja que passei um ano lá e deixei de ir lá quando recebi o Espirito Santo porque o pastor achou que eu estivesse doida, e deixei de ir por vergonha, essa oferta era para ajudar na construção da nova igreja. Antes desse acontecido eu tinha ido ao culto na igreja da irmã Marina na boca do Rio e quando o culto estava no meio já, eu estava na porta e passou um bêbado, então eu lhe convidei a entrar, ele disse que nunca entrou lá, mais eu insistir com ele por ser um culto de libertação, achei bom e oportuno lhe convidar. O bêbado nos surpreendeu com uma oração bonita e até reconhecendo que Deus era seu pai poderoso e santo, eu sentia que ele estava mudando, mas concordava com ele, pois só enaltecia nosso pai que é Deus. Acabamos de orar inclusive uma pastora de fora que veio pregar e ele o bêbado disse: tenho um recado para você, eu disse: eu? Sim você! A pastora brincou com ele e perguntou e para me você tem algum, ele disse não! Eu inocente, pensei ele esta com o espirito santo de Deus, e fiquei logo animada e disse fale irmão! Ele virou-se para me sério, o bafo de cachaça quase me derrubou, e desse: Eu sou satanás, hoje eu vou na sua casa, eu com

Deus fiquei achando que era brincadeira, olhando nos olhos dele e ele repetiu, sou satanás e vou na sua casa hoje a noite me aguarde, eu nem liguei e sair de perto dele, rindo, ele foi embora. Quando cheguei em casa começou minha luta espiritual, passei 24horas sendo apertada por satanás, me acusando de tudo que eu tinha em casa e foi assim que meu Deus me orientou e entrou logo em me, e começamos a jogar as coisas da casa no lixo. Nada tinha mais valor só a salvação, a vida eterna com Deus, e assim eu obedeci a Deus e fui internada no hospício. Chegando lá eu só orava e chamava por Deus, eles me amarraram me deram logo aquela injeção, e Deus me fez lembrar de um sonho que eu tinha tido há um tempo atrás, e vi esse mesmo lugar, no sonho então eu me acalmei e me senti protegida mais uma vez por Dez. Ele me deu visões lá e me ensinava tudo, disse que cada pessoa que estava lá era um Here, um espirito maligno e faziam tipo teatrinho para me, eu entendia tudo e elas, sempre estava a me acusar de algo que eu tinha feito, só para eles dar-me a tal injeção, as vezes as coisas eram bobagens tipo trocar o canal de tevê, então era logo amarrada e davam injeção, nas mais violentas. Eu desamarrava elas e a outra corria e contava para a monitora, então eu é que ficava amarrada no lugar delas. Passei uma semana fora de casa, no hospício orando e cuidando das meninas lá. Quando uma se alterava eu ia e orava nelas, algumas se retava comigo, mais eu não queria nem saber eu orava e tudo se acalmava, porque sempre tinha o lado ruim e o lado bom, sempre era uma que gosta de oração em confronto com a outra que não gostava, então eu orava nas duas que estavam brigando. Com os dias quase ninguém mais foi amarrada e eu nem pensar, isso foi horrível para me, e me desamarei na hora, pois Deus já tinha me treinado em casa a desamarrar nós e só quando cheguei lá foi que vi o porque das coisas que aprendi aqui em casa. Quando voltei do hospício fui fazer exames e descobriram uma pedra na minha vesícula, eu não liguei pois ia deixar Deus me curar, desde o dia em que eu voltei fiquei tomando remédios por causa do meu marido que não acredita em Deus como eu, quase me forçando a tomar, Deus me livrava dos efeitos dele, era totalmente nocivo a minha alma e ao meu corpo, eu andava o tempo inteiro em vez de dormir pois eles são feitos para te dopar. Eu comecei a achar aquilo estranho e tomei uma atitude de fé, e parei de usar eles depois de uma semana até hoje, assim como parei o remédio da tireoides logo quando cheguei do hospital em 2015, uma coisa que era para eu tomar o resto da minha vida, nunca mais tive nada exames dão normais, porque Deus me manda fazer vários exames, tenho tudo guardado para quem quiser vê, isso Deus não deixou eu jogar fora, estar tudo aqui. Meu médico é Jesus Cristo, meu santo é o Espirito de Deus, meu relógio é o do céu, minha alma é de Deus, e tudo que estar em me é do pai, toda honra e toda glória a ele dou, minha vida entreguei totalmente a ele, eu sou agora como uma marionete nas mãos de Deus, o mundo ao me vê, vai me chamar de doida por causa da unção que Deus derramou em me, as igrejas tradicionais sem o Espirito Santo vão me chamar doida, porque assim quis Deus e no dia que ele quiser me honrar ele vai me honrar, eu estou indo para as igrejas como uma louca, ainda procurando a igreja certa, e a igreja certa só tem uma, que é o altar do céu, do Deus todo poderoso, lá não entra ninguém impuro por isso temos que sermos transformados e limpos por Jesus Cristo, peça a ele que ele te limpa, e te dar o Espirito Santo de Deus, todo dia temos que pedir perdão ao pai e receber a injeção do Espirito Santo, aos poucos até a morte, saiu da linha reta, saiu da presença de Deus, um dia eu vou frequentar esse altar, já vi ele longe das minhas vistas em um sonho, a minha alma quase morreu de tanta emoção, imagine eu no corpo ao receber essa unção. Minha luta é espiritual, materialmente tenho tudo, nada me falta, minha saúde estar assim porque Deus quer que seu nome seja glorificado através da minha vida, e ainda indo a igreja chamada Os Filhos de Deus, tive uma crise de dor no estômago, pois descobriram que estou também com gastrite crônica e tenho que tomar remédios o resto da vida também, eu não estou nem aí e fui parar no hospital, lá não diagnosticaram o problema do estomago, mas sim a pedra na vesícula e não deixaram eu vim para casa e me operaram, retiraram toda a minha vesícula, eu queria que Deus agisse nesse caso também e não fui tirar a pedra até sentir essas dores no estomago que não tinha nada a ver com a pedra, mas quando eles viram a pedra não me deixaram vim embora. Fui operada sem medo pois estava com Deus, fiquei lá uns três dias e tive alta fiquei sem poder descer a essa igreja, e quando retornei as pessoas estavam estranhas comigo, eu nem aí só vou lá porque Deus me mandou, para as confirmações de meu serviço aqui na terra, vou quase sem querer e já até afirmei a Deus que lá estar sendo para me um lugar de expiação, sempre estou dizendo a Deus vou a ultima vez, e indo sempre quando Deus me leva, o Espirito de Deus chega aqui em casa mesmo antes de eu ir, eu não estou querendo o lugar de ninguém, nem a unção de ninguém, Deus já me deu de sobra para eu ir lá pelejar por eles, "trabalho, chato, mas é assim mesmo que Deus trabalha nos seus filhos, nós queremos de um jeito gostoso, mais é árduo e sempre chato e louco, e olha que eu achava nos outros uma coisa linda, maravilhosa, e é para quem estar inocente, longe de Deus". Vai ser usado para você ver o quanto é duro, nosso corpo doe, nossa alma doe, chora e sente como Deus sente lá no céu, isso é chato demais, e para o ser humano se dobrar a isso é quase que impossível e o rico piorou! Por isso Jesus falou aquela parábola: É MAIS FÁCIL UM CAMELO PASSAR EM UM FUNDO DE UMA AGULHA DO QUE UM RICO SE SALVAR! Eu pensava que esse camelo fosse aquele animal de corcundas das arábias, mais frequentando as igrejas me falaram que o camelo é uma corda grossa que amarrava os animais, o próprio camelo! Mas mesmo vendo e imaginando a sena percebi que era impossível colocar essa corda na agulha, pois sou costureira e tenho a maior dificuldade para colocar qualquer linhazinha na minha agulha que é apropriada a linha, na mesma proporção, é difícil. Nesse raciocínio e sendo chamada de rica, me senti excluída da salvação na hora. Porém não desisti e disse: Senhor eu vou ser a primeira rica a entrar no reino de Deus, faz de conta que eu sou a corda e me puxa, me aperta dentro desse fundo de agulha pois eu quero costurar muitas almas para te, amém. Daí passo por tudo o que você já leu até agora, "**que louco né?**" Eu vou ter um ministério chamado "**QUE LOUCOS**", esse vai ser o nome do meu cd, com os louvores que Deus me deu em sonho, vai ser lindo e louco, quem se candidata, a me ajudar nesse ministério? **As mulheres vão vencer e vão ser exaltada por Deus, os pequenos vão ser grandes e tudo vai ser diferente, a parti de 2017, a justiça do céu virar, para todos, bons e ruins. Deus escolherá quem ele quiser, o grande vai ser pequeno, o sertão vai ter água, a cruz é só para quem crer em Jesus, a luta será de todos, crentes e não crentes, todos os cristões. Se não vier luta para você, você é morno e morno não vai ganhar nada da parte de Deus, só a destruição.   É limpeza geral .**

Capítulo 12

O CAMINHO

Nesse caminho que escolhi, e já numa boa em casa e servindo a Deus no que eu sou revelada, ele me fez cumprir com o prometido, pois quando cheguei em casa vi as joias que pedir a meu marido encarecidamente para doar nas igrejas, porque ele tinha pegado tudo no lixo de volta, só que eram muito valorosas e de ouro e pedras preciosas, então ele a tinha guardado pensando que eu estava doida e iria esquecer do que falei, eu pedir todas a ele de volta e Deus me fez ir nas igrejas, eu não estava em me, mais no Espirito, e vi os últimos dias das igrejas, todas abertas e cheias de demônios pregando, junto dos filhos de Deus, só interessando receber o dinheiro e as ofertas, satanás tinha passado a dominar essas igrejas porque estavam com brechas, e essas brechas eram as músicas gospel que tem delas que Deus vira as costas e não ouvi, por causa desse demônio chamado gospel e dos instrumentos musicais que Deus não se agrada de todos, eu dei na igreja mais vaidosa as joias, "igreja mundial do poder de Deus, assim revelou-me Deus", dei o dinheiro na que eu estava devendo, "Assembleia do Brasil do pastor Levi", na rua eu beijei uma bêbada na testa e dei roupas para se cobrir, estavam de chortes curtos e devassas não abrir a boca para lhes dizer nada, elas me abraçaram e me deram obrigado por roupas velhas, acho que nem ia dá nelas, mas acharam aquilo bom e amável. Eu sair e perguntei a Deus: Senhor porque não fez eu dar um pouco desse dinheiro afinal era muito dinheiro, ou um brinco desses bonito era melhor, ele disse: O dinheiro é para pagar o que você deve ao irmão, "promessa que ele cobra até hoje a me", e as joias são para a igreja do pastor da mundial, pois é os dízimos do seu marido, de seus familiares e seu também. Eu calei entrei e entreguei tudo no altar, lá já estava preparada uma mesa e Deus disse que o que era material não se dava no altar, só o que era espiritual, como as orações, os óleos para a unção e as águas para trabalhos espirituais, então eu levantei e ninguém entendeu nada, fui colocando mais de R$60.000,00 em joias e sair da igreja, porque eu tinha que voltar aquela igreja que eu devia para paga-la. Ali não era mais uma oferta, era um cumprimento de palavra, pois já fazia muito tempo que não ia lá, só era para que eu me livrasse da acusação de satanás. Ele pensou que eu não ia obedecer, mas pedi logo a Deus para me guiar, e quando eu desci, eu estava cheia do Espirito de Deus. Quando eu cheguei lá os irmãos me viram logo e aqueles a que eu tinha afinidade me cumprimentaram logo felizes, e eu me sentei, assisti o culto todo, deixei o dinheiro e uma joia para completar o prometido, tomara que eles saibam o valor delas, porque eu fiz minha parte, na minha casa não fica mais nada de valor só nossas almas, assim eu prometi a Deus, andei acumulando coisas e coisas que meu pai não aprova e estou sendo testada a cada dia, passo mesmo pelo o fundo de uma agulha meu irmão, mas estou pronta para ajudar a qualquer igreja, a qualquer altar, até chegar o dia do altar celestial, estou estranha não sou mais a mesma, não vejo vocês igual a que eu via, não vejo o mundo como eu via. Meu filho e meu marido quase tiveram um troço quando souberam que deixei tudo lá e meu marido saiu como um louco em busca das coisas, mas Deus não deixou ele saber onde estava, meu filho eu convenci que Deus iria nos dar em dobro e meu marido não, queria tudo de volta o que não era dele, tudo aqui é do meu filho e meu. Eu fiquei muito triste com essa atitude, mas tudo bem agora já se ligaram, que eu estou com Deus, "doida para servi". Nesse tempo estou ainda indo na igreja Os Filhos de Deus, não sei o porque, mas Deus tem seus propósitos, lá tudo esfriou novamente, não tem trabalhos espirituais de quebra de maldição, mas eu estou frequentando como se eu fosse uma visitante. Depois Deus me mandou ir na igreja que tem um nome estranho Reboute, e lá cheguei já daquele jeito não dei ofertas, nem fiz nada mais do que o Senhor me pediu, ele me fez pegar o lixo da igreja e trazer para casa, eu quase morri de tanta vergonha, e disse a Deus que só se ele pegasse comigo e fiquei em contenda com Deus, então ele fez eu me levantar sem que eu controlasse meu movimento, e sentar perto do balde do lixo e disse pegue o lixo que vou lhe ensinar algo para pelejar pela essa igreja, terminou o culto eu peguei o saco entrei no meu carro e liguei e me mandei, não deu tempo de ninguém vê nada eu acho, fiz igual a um ladrão seguei todos, isso foi o que pensei, não sei como foi aquilo, vou saber se ela viu algo depois que ela ler esse livro. Que vergonha, eu pensei, e quando eu cheguei em casa o Senhor logo começou os trabalhos de intercessão e para a minha surpresa tinha uma peça valiosa para Deus dentro daquele lixo. Que era um castiçal que foi usado na igreja, Deus disse que não podemos jogar nada ungido no lixo comum da igreja e que ela iria perecer por causa disso, eu nunca falei a pastora pois nem a conhecia, e fiquei com vergonha da menina que trabalha aqui no prédio que moro, e pensei: já estão comentando que sou louca aqui no prédio e agora essa outra igreja vai pensar que sou louca. Então não falei nada e pedi para fazer o que Deus queria, usei ele como um troféu e valorizei a peça em uma tela pintada a óleo e ungir, orei, jejuei para expiar tal ato dessa igreja por um bom tempo, que não sei se sabe, como proceder diante de objetos e utensílios usados nas igrejas quando são trocados por outros ou quando quebra, "o que deve fazer é levar no monte e enterra-los". Passaram uns dias eu voltei lá e ninguém me perguntou nada, ufa pensei ninguém viu nada, estou livre e agradeci a Deus pela discrição do trabalho, ganhei mais um life, depois dessa. Na outra semana passei na frente da rua e a igreja tinha fechado, estava sem nada de igreja, tomei um susto e disse, Hô Deus fechou! Gostei tanto da pastora e dos irmãos daqui, até me fez pelejar pela igreja. O que foi que deu errado? Um dia depois meu marido passou na frente e viu a irmã, aquela que trabalha aqui, no prédio, ele perguntou e ela disse que haviam se mudado e que estavam lá mais para dentro, então essa irmã chamada Marcia veio me procurar aqui na minha casa, até tomei um susto pois ninguém nunca veio me chamar para eu ir a igreja, e logo marquei com ela o dia. No dia marcado estava lá e fomos a sua igrejinha bem apertadinha e bem inferior a outra, mais com o Espirito Santo de Deus, eu sinto quando ele chega não tem ninguém que me engane mais, pois esse foi o dom que Deus me deu, de saber as presenças espirituais se são de Deus ou do diabo, eu sinto na ora que chega algum deles, sempre é em uma pessoa é claro, mais tem vez que é só, e não entra na igreja, ele só entra junto de nós, ninguém estar a salvo deles, quem tem o Espirito Santo, ele se afasta e quem não tem e tem brecha eles aproximam, pode ser até da igreja, mais ele usa aquilo e acusa e se aproxima, a lei do livre arbítrio é deles também, o pai é justo e eles alegam isso na hora, é só dá brecha. Agora eu estou indo lá nessa igreja também além de ir a igreja Os Filhos de Deus, sempre Deus me manda ir ao monte orar e eu não estava vendo oportunidade pois a irmã Marina não me levou mais e a igreja que estou indo também não me chamaram mais, e eu não queria ir só, como vou para as igrejas, é chato ir só. Eu pedir a Deus companhia de alguém para eu voltar lá no monte e na mesma semana a Igreja Pentecostal Reboote, (que mudou o nome para Remanescente da Ultima Hora), me chamou para ir ao monte, então estou indo com elas, já faz três vezes e Deus tem me suprido e me confirmado todas as minhas loucuras que cometi até hoje, e cada frase que escrevi aqui neste livro. Esta igreja é uma igreja totalmente Espiritual e o Espirito Santo age lá, sei que a pastora passa muitas provas, mas ela sabe que estar no caminho do pai marchando com ele, Deus confirma a cada frase que sai de suas bocas, com o tempo talvez eu fale com ela sobre o acontecido e lhe mostre a tela que fiz, só para confirmar o que escrevi nesse capitulo, não sei como vou terminar lá, mas já sei tudo isso dessa igreja, e essa riqueza não tem preço, ela pensa que é humilhação ter igreja pequena, mais humilhação é passar anos e anos com a igreja arrumada, pronta para fazer o que Deus manda e não ter fiel para ajudar como a igreja da irmã Marina na Boca do Rio a qual eu frequento em tempo em tempo como Deus agora manda, ela não aguenta mais de ver sua igreja que também é santa e Deus estar lá, só esperando um ser para libertar, a irmã não sabe o que é isso, mas eu já sei o que é, puramente falta de amor divino da parte da pastora Marina para com os irmãos, é triste falar isso, mais os testemunhos o testificam, eu depois que ela me levou no monte, o Espirito Santo me levou para trabalhar lá, mas ela disse que não podia, sem que eu me batizasse e eu pedir o batismo, ela disse que não era assim que eu tinha que me casar, depois disse que Deus não tinha lhe mandado me batizar, eu disse estar bem, vou esperar então, neste interregno minha mãe se batizou na igreja Sétimo Dia e eu fiquei feliz com o milagre, pois era uma coisa impossível de se ver, ela era católica fervorosa daquelas que tem a casa e o corpo cheia de imagens os chamados, "santos", minha irmã Tica surda-muda começou a ter umas coisas estranhas e estava apavorada, ao ponto de se esconder dentro dos armários, e jogava tudo no chão sujando tudo, eu fui lá vê-la como ela veio aqui me ver quando eu estava fazendo aquelas coisas, limpando a casa ungindo tudo, cheia de amor para com todos e os outros falavam que era o espirito ao contrário, então o Senhor me mostrou e mostrou aos pastores o que é o contrário, pois ela sujava tudo e eu limpava tudo, ela estava com medo e eu estava cheia de coragem e ousada, ela ficava dura e caia no chão quando orava nela e eu não, eu ficava com movimentos involuntários e começava a orar e trabalhar com as mãos, fazendo movimentos que só Deus sabe para que é, ela era surda e muda e assim ficava e eu comecei a falar uma outra língua que não é minha, e com muita autoridade, ela não tomava banho e eu tomava e me ungia toda, principalmente com perfumes, eu quis ir logo as igrejas e ela não quer nem saber disso, e tem raiva de todos os irmão e eu os amo a ponto de sacrificar minha vida e lutar com satanás e seus demônios só para interceder pelas almas perdidas e consideradas ganham por satanás, não entendo como tem irmão que ainda hoje pense que estou fingindo fazer essas coisas, mas faz parte também do plano de Deus, estou com Deus, não desistirei nunca, satanás me perdeu e quero que ele perca você também, amém? Hoje estou vivendo uma luta material também, pois fui na igreja universal e peguei muitos amoletos e neguei o dízimo e as ofertas as igrejas, fiquei com algeria a dar qualquer oferta, porque essa igreja só falava disso, inclusive minhas dividas foram feitas por causa de tanta coragem que recebi lá. Me endividei por de mais da conta e nada dar aqui em casa, satanás agora me acusa de ser uma ladrona do dinheiro do pai, mas eu estou fazendo o que posso para me livrar dessa acusação, Deus não precisa do meu dinheiro mas os irmãos precisam, eu luto, mais não consigo cumprir com os compromissos, sempre faço sacrifício para dar as ofertas, já dividir no cartão de crédito e o cartão foi cancelado e nunca mais conseguir dar com esse que reservei só para ajudar as igrejas em materiais de construções, agora eu quero dar nas igrejas e não consigo dar quase nada, as vezes tenho vergonha do pai por dar tão pouco nas suas obras, mais ele tem me suprido material e espiritualmente sem me deixar faltar nada, e honra as minhas palavras, como uma profetiza, como sempre, minhas visões em sonhos se realizam, e sei que algo vai acontecer no mundo que vivemos a parti de 2017. Agora no fim de 2017 já vi muito e 2018 vamos ver mas coisa, é crise espiritual para uns e abundancias para outros, eu estou rica espiritualmente e materialmente devo os cartões de créditos, pois lembra que escrevi que eu pagava o resto no cartão de crédito, pois bem o Senhor ouviu aquilo que escrevi e eu me envolvi em uma bola de neve só por causa das minhas palavras, hoje peço para ele me ajudar novamente a resolver isso, ele disse que vou pagar até a ultima parcela, e o dizimo é bom dar é uma gracinha para Jesus, mais não precisa ninguém saber que você deu, é bom você saber que não foi nenhum pastor que me pediu isso, eu falo diretamente com Deus agora e também não tenho nenhuma igreja para recolher dízimo, eu apenas sou usada por Deus para te relembrar isso, eu não como, nem azeite de dendê, nem camarão nem frutos do mar nenhum entendi?, "isso eu achava um absurdo", mas hoje confirmo em nome do Senhor Jesus que não veio mudar as leis como eu pensava ele veio confirmar as leis do tempo de Moisés, se você quer ficar com brecha fique e deixe satanás te guiar, mais eu não vou fazer mais isso, e o ultimo pecado meu foi o bacon, isso eu dizia que era a coisa mais gostosa do mundo, "carne de porco," nossa eu e meu marido e meu filho comia direto isso, era uma delícia que Deus tirou com a dor no meu estomago, pois eu não aceitava deixar isso, já tinha deixado meu camarão, e brigava em pensamentos dizendo que isso era coisa do tempo de Moises, e repetia não vou deixar de comer não, é muito bom pai, deixe eu ficar comendo isso, e pedia perdão, orava e comia. Agora em 2017 eu fui para hospital com pedra na vesícula e muita dor no estomago, cada vez que eu comia algo de gordura de bacon e acarajé que mesmo sem ser oferecido ao diabo Deus não aceita azeite de dendê, em nenhum lugar do mundo, ele é satânico, amem. Não sou eu não, é Deus que fala, vá reclamar com ele. A purificação nesses tempos modernos é essa, estou passando o que aconteceu comigo para sua luta ser mais branda, eu estou sendo quase frita no azeite quente espiritualmente falando, mas ainda esta bom, pois tem gente no passado da bíblia que foi queimada como bruxo sendo profeta de Deus, foi decapitado sendo profeta de Deus, foi ao abismo sendo profeta de Deus e eu não sei o que vai acontecer comigo, só sei que estou com ele e não abro. Deus já me avisou, que vou ser chamada de louca, então você irmão venha com outra palavra que essa já faz parte de me, essa é a loucura que estou fazendo por Jesus, assim como um dia um pregador, pregou na igreja, na pregação ele dizia: você estar parada inercia sem fazer nada para Jesus como é que quer que ele te ajude? Se você não faz nenhuma gracinha para ele? Eu tomei aquela palavra para me, e disse Senhor eu quero fazer uma gracinha para o Senhor, porem sou essa mosca morta, não consigo nem me mexer do canto na igreja. Então ouvi essa movimentação toda em minha vida. É muito forte o que eu tenho, "Que Louco". Ganhei 50 musicas, nos sonhos 25 evangélicas e 25 do mundo, mas nada de letras de palavrões, só românticas e de protestos, já recebi o registro das evangélicas, porque mandei logo elas e estou esperando de Deus a liberação para mandar as outras para registrar, e não cantei nenhuma nas igrejas pois não tenho muita oportunidade e não vou para isso, meu trabalho é outro, quebra de maldição hereditária e libertação espiritual, eu sou apenas uma compositora não uma cantora, não que eu não queira é a voz mesmo que acham fraca, e ainda mais tive dois nódulos na tireoides como todo mundo sabe, fui diagnosticada com hipertireoidismo, só um milagre eu virar uma levita né, pois já me chamaram de voz de rato, de tão fraca que era, agora estou falando é forte e diferente, com segurança, vamos ver o que Deus faz por me né, ele já fez tanto, que tudo nas mãos dele é possível, "DEUS VIVO E PODEROSO". Cuidado irmão no que solta no ar, pois tudo que falamos é escrito em algum lugar, se não for Deus a anotar é o diabo que anota tudo, tá. Tudo no controle de Deus, nas mãos de Deus, sem ele você não pode nada, você vai ser nada futuramente. Eu vi por esses dias que intercedi, que existem mundos inferiores e abismos criados por satanás, ele copiou Deus mais uma vez e fez um lugar para cada um de nós, sonhei com um mundo só de pornografia "todo mundo nú, fazendo urgias", e passei por eles todos me puxando e querendo tirar minhas roupas, foi horrível pois detesto isso, depois passei por um mundo onde não tínhamos nada para comer, então fiz morada lá pois estava sendo avarenta, e Deus nem ligava para me tirar de lá, aí quando eu sofri bastante, todo mundo sentia fome mas eu não, estava sempre cheia e meu marido estava lá querendo que eu comece sem eu querer, eu lutava mais não queria nada daquele lugar, então vi um rio que quem pisava na água se consumia como um ácido e as chuvas eram ácidas, meu marido sabia e me deixou passar por essas águas, aí só depois alguém me avisou, daí eu comecei a me consumi e chamei por Deus então dai ele me tirou de lá. Voltei para meu quarto que horrível esse sonho, perguntei a Deus por que essas torturas comigo, pois estou fazendo tudo para lhe obedecer, e Deus mandou que eu casasse com meu marido no papel e na igreja, na igreja não era tão importante para satanás, que me acusa de estar na formicação e eu tenho que casar, isso foi só uma confirmação do que um irmão me falou, ele do nada me enviou um recado no celular, explicando que Deus tinha falado com ele e disse para eu casar com Daniel, nesse tempo eu estava, com esperança que Deus me desse um irmão da igreja pois eu agora era crente e não queria ninguém sem ser crente, como meu marido até hoje não virou crente, eu não obedeci a Deus, achava que era coisa do irmão, não de Deus, então a luta começou e eu falava: Deus logo com esse cara que me fez sofrer tanto? Ele disse você já estar com ele, e não pode mudar de marido como você quer, então eu disse: só se ele receber o Espirito Santo como eu, e fiquei protelando até hoje e minha vida no altar também, meu batismo também, pois o que a irmã Marina falou foi já Deus ministrando e eu achando que era mal vontade dela, só que é a lei de Deus. Quando eu entendi tudo isso, Deus mandou eu ir devolver tudo que peguei na igreja universal, e disse que eu nunca mais pegasse nada sem que pudesse cumpri o voto com Deus, eu fui e lá o Espirito Santo me testou, do nada o pastor chamou uma pessoa para se batizar, ele indagou: aqui tem uma pessoa que estar doida para se batizar, pois Deus manda você vim agora, venha que eu te batizo, saia do seu lugar agora, eu até queria me batizar e pensei, Deus é o Senhor que estar me chamando. E eu nem trouxe uma muda de roupa, vou sair toda molhada, mais vou lá. Meu irmão quando eu ia me levantar o Espirito Santo me pegou e me jogou sentada na cadeira presa e disse: Eu te mandei se casar com Daniel, eu não te mandei se batizar de qualquer jeito, fique quieta aí, teimosa. Eu orei em línguas e todo mundo ficou me olhando, Deus estava bradando com aquele pastor. Ele parou de chamar e pronto tudo se acalmou. Voltei para casa ainda pensando na minha oportunidade que perdi, imagina. Eu ia receber um batismo anulado por Deus, pois ele mandou eu casar primeiro, então fui correr atrás dos papeis e até hoje corro, pois faltou registro, o marido perdeu todos documentos e agora já em setembro adio o tal casamento, pedindo a Deus o Espirito Santo para meu marido, ele não busca mais eu busco por ele, e sempre estou adiando o tal casamento no papel como Deus pediu, quer disser quem pediu foi satanás e acusa nós de não cumprir com os estatutos de Deus. A minha ultima decisão foi me casar sem comunhão de bens, afinal tudo é do meu filho mais velho, e eu só tenho uma casa que já dei o pequeno e o apto da Boca do Rio que estar alugado, depois de sofrer mais de um ano sem ninguém, "eu não vigiei e depois de um tempo descobrir que a mulher que alugou era uma feiticeira e estava trabalhando lá no meu apto, isso foi uma peleja para me, mas Deus retirou ela de lá de dentro, de repente ela pediu para sair, eu estava comendo dinheiro do ganho de satanás". Estou orando por esses meus pecados e por nós todos, meu coração estar limpo, nunca mais ei senti ciúmes, nem raiva, nem nada por meu marido, estou limpa com relação a isso, só a parte do dinheiro que ainda reclamo com ele, não chega nada dele nas minhas mãos. Assim como ele usa o dele para ele, eu acho que já estar demais o que ele recebi daqui de casa, para ele não falta nada desde o dia que tirei ele da casa da mãe dele. Não foi fácil e estamos aí lutando para sermos fiel a Deus. Deus tem algo com ele, porque se não ele já tinha ido embora daqui. Aqui não faço mais nada se Deus não me mandar, eu não sei no que vai dar mais estou pronta para obedecer a Deus. É uma luta grande, vamos ver o que vai acontecer né. Espero em Deus a nossa vitória. Por causa do meu filho eu intercedi pelos jovens de até dezoito anos e pedir para Jesus vim limpar eles, tirando o robô do corpo deles e deixando só na mente deles, o Senhor virar em silencio e limpará eles todos, eles vão ser reconhecidos e dominarão esse mundo novo, na nova era a parti de 2017, o emprego será dado a eles, vão se emancipar, mesmo que o governo não queira.

Capítulo 13

Hiportireoidismo

Esse mês de janeiro de 2018, quando eu estava intercedendo pelos os adolescentes e pelas as famílias, sempre indo á igreja e subindo ao monte, eu comecei a ter uma crise muito forte dessa doença que é silenciosa, pois eu estava ótima e de um dia para a noite comecei a ficar com os nervos enrijecidos sem movimentos e sem conseguir dormir, andando de um lado para outro, sem parar, andei de uma emergência a outra e já marquei o médico, parece que a gente está louca andando, andando, mas são os nervos e a mente que não para quieta. Eu já marquei até o psiquiatra novamente, antes que meu marido me leve para me internar, pois ele continua sem intender o manifestar de Deus, não só ele mais todos os meus, os médicos, os vizinhos e todos que me veem, até os da igreja, parece que estou doida mas Deus sabe, não estou, é mais uma prova de fé e vou sair dessa eu estou tomando remédios fortes para dormir e ter um pouco de paz, mas nada de dormir, hoje após 14 dias andando de um lado para outro sem parar, da rede de dormir para a cama e na casa toda e até pelos prédios aqui em baixo, durante a noite nas madrugadas, eu andava vagando como uma louca com essa doença, ou sei lá. Era assim as noites: já era meia noite e eu nada de dormir, dava uma, duas e as vezes três horas da madrugada e nada, mesmo tomando os remédios, só Deus na minha causa eu orava o tempo todo e o chamava, (tô suando muito, me faz dormir Deus, Jesus me ajuda, Espirito Santo de Deus me ajuda, e passando mal já muito cansada e debilitada de tanto andar, tomando banho e indo no banheiro para fazer xixi, ia a geladeira para tomar água isso tudo por minuto, o corpo não sentava, nem deitava durante esses 14 dias e eu anteriormente a esse estado já tinha marcado com o psiquiatra só para pegar o relatório médico, quando marquei eu estava ótima gozando de boa saúde, só ia para pegar o relatório mesmo, que foi para o dia 15, eu fazia o que podia para dormi e nada, nesse ultimo dia eu tinha ido de madrugada ao hospital , e teve que parar umas três a quatro vezes no caminho para eu andar, pois meu corpo ficava agoniado sentado e quando não dava mais tinha que parar o carro de repente e eu saia e andava como louca, ele meu marido ia me seguindo isso altas horas da noite, os carros passava por nós e pensava que ele estava a me paquerar, mais era essa doença que não deixava eu ficar quieta sentada mesmo no carro, eu estava com o corpo agoniado sem os remédios de dormir, pois acabou e lá na emergência é só lá na hora que eles dão e aliviava meu estado caótico, eu tinha que ir para um médico especialista da tireoides, eu já estava para ter um troço e Deus que me segurava eu sei, dizem que tem gente que desmaia com ela. Na ida a essa emergência aconteceu um fato estranho, o meu marido estava debaixo de uma mangueira e caiu uma manga, então ele a trouxe para casa e após come-la, sentiu uma grande emoção e começou a chorar e a pedir perdão por tudo e até se ajoelhou, então eu disse para ele se levantar pois já tinha perdoado, lembrei-me que antes de Jesus curar meu coração, eu pedir isso a Deus, queria vê-lo ajoelhado diante de mim exatamente como aconteceu, então eu disse a Deus não Senhor, não precisa mais disso meu pai, mas Deus me mostrou que ele agi como ele quer, daí em diante ele virou um verdadeiro marido e ficou muito preocupado comigo, não ficou mais nervoso nas emergências e até me carregava de cadeira de rodas me balançando para lá e para cá, para a minha espera do atendimento, sim pois eu só ficava quieta se fosse assim na cadeira de rodas em movimento. Minha andança era devagar pois o corpo estava todo travado, era muito esforço que eu fazia para andar, (diferente do dia que Deus me deu o Espirito Santo, pois eu andava serelepe), nessa doença, quem via dizia que eu estava com algo na coluna, o pescoço travado sei lá, eu não aguentava mas e orei e pedir a Deus uma solução, e o Senhor me ajudou, pois fui a esse médico e ele passou os remédios mais fortes ainda e eu comecei a ficar boa e dormir, o corpo descansou e hoje após trinta dias dormindo, estou boa e só agora voltando a ir a igreja, (tentei ir mais não deu). Estou curada amem. Fui na médica e ela me passou o remédio de tireoides e estou tomando também. Então foi uns 20 dias andando sem parar, esse é mas um milagre do meu Deus, ele mandou eu ir para o lugar certo adquirir os remédios certos para o caso da falta de dormir e relaxamento do corpo, "carnes, nervos e da mente", amem. Quando eu fui parei e comprei um calmante no meio do caminho pois teve que ficar parando o carro novamente, meu marido já estava nervoso e com razão, era perigoso, ficar parando o carro toda hora para eu andar, eu fui para o doutor Ravel umas horas antes do marcado pois fui para ser atendida na emergência, mas tive que esperar o horário marcado, eu estava muito mal e andava sem parar, banheiro, água e rodava tudo na agonia que era. Estou tomando puran para tireoides e os outros remédios já parei estou dormindo bem e voltando a vida normal, vou ao doutor só no inicio de março para pegar aquele relatório, pois o medico disse que só dava quando eu voltasse lá novamente, disse e me diagnosticou que tenho o tal do bipolar, eu digo eu tenho é Jesus e nada mais, amém. Mas são as opiniões deles fazer o que, um diz que é a tireoides e o outro diz que é o bipolar, fazer o que né irmão! Embora as taxas da tireoides estejam todas normais eles dizem isso, Deus já me curou de tudo, eu creio, amem. Oro todo dia para esses remédios não afetar minha mente que estar brilhante com Jesus, ele passou uns remédios que acho que é para doido eu não quis nem ler os efeitos que ele faz, pois prometi toma-los todos desta vez, estava desesperada, para ficar boa e dormir, no mês dois recebi uma péssima notícia do plano de saúde, eu esqueci de pagar uma mensalidade e eles me cortaram, cancelaram o plano exatamente quando eu fiquei boa e fui mesmo assim pegar o relatório e ele me deu, pois o doutor me prometeu e isso usarei para mostrar aos irmãos, para testemunhar a minha verdade, eu não digo que não estou preocupada com o cancelamento do plano, mais se é da vontade de Deus para testar minha fé fazer o que? Agora estou sabendo que corro o risco de ficar sem o dinheiro do meu filho, pois ele vai ficar de maior e estou muito apreensiva, continuo orando, subindo ao monte e indo a igreja, o cancelamento do plano foi em boa hora pois eu não teria mais como pagar, dia 31 de março se aproxima e só saberei quando chegar dia 30 de abril se vão cancelar a pensão do meu filho, estou totalmente nas mãos de Deus, em 31 também de março, eu me casarei para fazer a vontade de Deus e cumprir sua palavra na bíblia, já estou com tudo arrumado para me casar e fazer os votos na igreja de Deus, caso por ele, só para cumprir a sua lei, pois já me considero casada, que Deus nos ajude, é tudo acontecendo ao mesmo tempo, sem a pensão tenho que me mudar para onde vim Boca do Rio, por faltar recursos para as despesas que são muitas. Estou pintando minhas telas e fiquei bem, dormindo após dois dias de remédios, então tudo bem toma-los. Deus estar comigo, amem. Passei por muito sofrimento sem dormi, minha família já queriam colocar meu nome em lugares de feitiçarias para tirar o que eu tinha, imagine, minha mãe até me sugeriu isso ela é batizada na igreja do sétimo dia, ora essa, eu temi a meu Deus e bradei com ela, pois eu sou o contrario dessas coisas e Deus me levanta para derribar essas coisas e minha mãe vem com essa, coisa do diabo né, que colocou na cabeça dela, meu marido já queria me levar a igreja universal para tirar o que, não sei, pois tenho Jesus e o Espirito Santo de Deus, amem. Fiquei com medo e orei a Deus e ele me ajudou. Nesses desesperos e nessas conversas eu desci aqui perto para pedir oração, na primeira vez eu fiquei no culto uma hora mas não deu para continuar sentada e pedir a eles que orassem em me e um irmão que não foi o pastor orou, fui pela segunda vez e não deu para ficar nenhum minuto no culto, só queria uma oração mas o pastor estava ajoelhado orando no púbico e disse que não podia orar em me naquele momento e eu fui embora, sem oração, (a igreja daqui de perto Os Filhos de Deus), eu orei e Deus me ouviu, amem, eles todos já me conhece tem três anos que sempre os visito, e viram que eu não estava bem, mas o Senhor sabe todas as coisas e eu intercedo por todos eles e porque não por me, né. Foi o que fiz, junto a Jesus, e o socorro me veio, eu não podia ir lá na outra igreja que frequento, que é a igreja Reobote da pastora Val e Bianca, porque era um dia sem culto lá, e eu estava precisando naquela hora de oração forte, muita preocupação com minha mãe e meu marido querendo me levar de onde já vim, não quero voltar para onde já sair quero seguir em frente na igreja que já estou Reobote, que Deus nos abençoe, Amem? Sei que estão orando por me, e as irmãs devem estar pensando que não vou

voltar mais, só que eu estou tentando,
agora já estou dormindo e a dificuldade é
meu marido que passou uma semana
trabalhando até mais tarde, depois o
carro quebrou e só ontem eu fui
novamente, depois desses dias todos de
doente. Estou intercedendo pelas as
crianças e pelos adolescentes, sei que o
Senhor quer minha intercessão, ele é
comigo, mesmo quando tudo e todos
pensem ao contrario. Quando eu estava
intercedendo pelos os doidos eu fui
colocada lá como uma, para interceder lá
dentro. Agora vou voltar com as irmãs ao
monte e vou ver se volta o grupo das
mulheres que a pastora Val me colocou,
nem cheguei a vestir a roupa que eu
mesma fiz e cair doente e não voltei mais
lá a louvar, mas louvo a Deus em casa
mesmo por tudo. O doutor Ravel foi bom
comigo mas ele bem sabe que Deus existe
e estar no controle de tudo e de todos, o
médico é crente também, amem. Deus só
quer uma desculpa para a gente se
chegar mais para ele, e temos provas de
expiações ao tempo que Deus quer,
quando fui parar lá eu estava bem de
saúde, mais eu tinha que ir lá dentro e
Deus me mandou ir para lá, então eu
pedir a meu marido para ele me internar
e ele não quis, os dias se passaram e eu
fiquei assim tendo que ser internada,
passei três dias lá e ele me tirou de lá

bem, só que depois eu comecei a sentir esses problemas, mais mesmo assim ele não quis me colocar lá de volta, era Deus no controle, pois qualquer coisa ele já queria me levar lá, quando ele via o Espirito Santo se manifestar em me ele já ficava desconfiado e preocupado. Não sou louca, sou de Jesus. Amem? Sou uma profetisa do Senhor, é ele que opera na minha vida, e estar a desenrolar um novelo de linha para deixar reta, para meu novo caminho. Fui profetizar a cura e libertação daqueles que estão naquele lugar. E no dia que Deus quiser tudo isso vai acabar, amem, tudo ao tempo de Deus. Deus é tão calmo que só Jesus seu filho perfeito para o entender, e nós somos nervosos e cheios de dúvidas, Deus não faz nada nas presas, Deus ama o rico e o pobre e ele não se alegra na perdição do ímpio, ele tira coisa de onde não tem nada, ele opera em tudo e em todos, ele e seu filho Jesus, pois assim lhe deu todo o poder, do aleijado ao andante ele ama igualmente, ele não faz acepção de pessoas, do nervoso ao calmo o seu amor é infinito, não podemos entender a sua divindade e quem ele escolhe para seu trabalho, ele é Deus, deixa ele trabalhar, em me o trabalho dele é assim, eu estou nele e ele estar em me, eu sinto ele e seu Espirito e Jesus e todos os outros que se aproximam de me, chato é isso mas sinto, fazer o que eu pedir a Deus sabedoria espiritual para reconhecer os dois lados, o do bem e o do mal, não quero ser mais enganada por satanás e pelas as bestas feras. Deus é lindo, e nos cuida com amor de pai, imagine que estamos num grande jardim e ele nos regra todo dia aos poucos para não nos embebecer de água, "no caso de sabedoria", não podemos saber tudo, não aguentaríamos tanto saber espiritual é muito forte. Na nossa infinita impaciência Deus nos acalma a cada dia, pensamos que é nosso pensamento, quando pensamos coisas e quando realizamos coisas boas ou ruins, mais tem dois pensamento um é de Deus e o outro é de satanás, Deus é bom e nos deu o livre arbítrio para decidirmos que vamos adotar, o bom ou o ruim, lembrando que as vezes os pensamentos para você é bom mas para Deus é ruim, exemplo: as festas, as bebidas, as drogas e etc. são boas mais te leva a morte esse caminho e as armadilhas do diabo e assim a perdição da sua alma e assim ao inferno, fogo eterno, é uma escala de coisas levando a outras coisas, e um enrolar de fio como um novelo de linha. Deus tem algo bom e gostoso para nós, será uma terra perfeita como um lindo jardim e com moradias grátis e felizes, lá não tem dor, nem ódio, nem nada disso daqui dessa terra cruel, lá só tem amor ágape de pai, irmãos divinamente divinos e angelicais, paz total, vamos lá pegarmos o que é nosso por promessa de amor de Deus pai e de Jesus filho e do Espirito Santo o consolador que Jesus nos enviou após a sua ressureição. Os três um único Deus. Esqueçam o resto. Nunca desrespeite seu irmão, ame a todos como a si mesmo, estamos agora sobre a lei do amor e da fé que é a de Jesus. Tenha fé na santíssima trindade, pai, filho e espirito santo e se amem irmãos sem melosidade, mesmo que distante orem uns pelos os outros e intercedam junto a Jesus, amem? Antes de toda essa historia eu estava ótima no caminho do meu Deus e fazendo sua vontade, o Senhor tocou no meu coração para eu dar uma oferta da viúva, e eu li a respeito disso, e quis oferecer a Deus uma oferta grande e até cheguei a comentar com a pastora que a minha oferta era da viúva só que rica, dei tudo de acordo com meu coração, pois era um valor aonde eu não poderia dar e eu teria que tirar antes de pagar as contas, pela primeira vez eu fiz isso, pois antes eu pagava as contas e se sobrace eu dava, se não eu não dava, Deus foi bom comigo sempre. Como sempre tirei do salário do meu filho pois não estou trabalhando há tempo, o Senhor aceitou a minha oferta e eu escolhi a igreja da irmã val, fiz o que ele me mandou. Eu sou órfã de pai e meu filho também e me considero viúva pois não casei ainda com meu atual marido, aliás nunca me casei só me juntei, com os dois maridos. Tive a oportunidade de fazer essa oferta para a pastora, e Deus o honrou com um valor bem razoável, bom aos olhos do homem, só que nem eu, nem ela sabia que o Senhor Deus estava a suprir uma despesa que vinha a galope, do nada ela perdeu todos os móveis da igreja e os instrumentos musicais, o Senhor já tinha visto a trama do inimigo e me mandou dá aquele valor, porém a igreja estava muito carente e o aperto não pode ser evitado, mas Deus mais uma vez o honrou e os irmãos se uniram e compraram tudo de volta e a igrejinha mais uma vez não fechou, então o presente da irmã val foi em dobro né? Deus é fiel, amem! Se alguém ver com olhos humano as perdas dela e minha doença, só vai ver as perdas e a doença, mais quem olha com o olhar espiritual ver logo milagre de Deus em nossa vida. Logo após isso eu cai doente, e só voltei depois de dois meses, agora em 08.03.18, eu estou ótima sem remédios só com a vitamina da tireoide e indo ao monte e a igreja dela, numa boa com Jesus e dirigindo, pois retirei minha carteira de motorista na época que as pessoas pensavam que eu estava doida, antes dessa andança, como passei no psicoteste se sou doida? Meu marido normal até hoje não tirou a carteira cnt por causa dos exames! Explique-me isso! Ele dirige muito bem. O mundo ver minha doença e eu vejo Deus operando em me para a minha missão, que é ser profetisa, a palavra de Deus para me é uma só , Jó, sempre é Jó! Mesmo eu dizendo que não tenho a paciência de Jó, e pedindo a Deus misericórdia de mim, e já dizendo que ele tem sempre misericórdia, pois sempre dá um fim nas minhas mazelas quando não aguento mais, o aperto. Por isso sempre estou pagando mico em nome de Deus, não me importo, estão me humilhando por causa dessas coisas todas que estar me acontecendo, mais eu peço a Deus que como Jó não me deixe, eu não suportaria tanto. Eu e Deus fizemos uma aliança, como Moisés, Abraão, Isaac e Jacó, e como a todos os profetas que deram a vida pelo o Deus que servem, e eu dou tudo pelo o meu pai Deus, por Jesus e pelo o Espirito Santo, tudo dentro da minha limitação de humana e farei o que eles me pedirem, pelo o bem da humanidade, estou ligada 24hs por dia na intercessão, até dormindo eu aprendo de Deus com os sonhos que ele me dar, com eles me sinto orientando nos meus caminhos, que aos olhos humanos podem serem errados e ruins, mas para Deus é

reto e bom, porque o Senhor gosta de
quem sacrifica, persevera e renuncia,
porque servi a ele não é só mamão com
açúcar e leite com mel, é árduo e doe
muito, mas com ele me sinto em paz e
segura nas suas mãos, longe de satanás.
Até eu vencer tudo o que foi determinado,
falado e jogado no universo, como as
maldições hereditárias dos meus
antepassados e tudo mais de pecado que
eu faço na atualidade, como por exemplo
as pragas que jogamos nos outros ou
maldizeres e maldições. É duro ser de
Jesus, ser como ele e seguir a ele. Com
essa oferta eu dei uma surra em satanás
e ele tomou, porque eu intercedi pelo o
mundo todo, não só por minha família,
Deus disse que fazem as ofertas erradas e
os dízimos então nem se fala, quase
ninguém consegui dar das primícias e dão
ofertas de orgulhos para se aparecer não
para servi a igreja, ou até mesmo para
barganhar com Deus, tipo te dou isso e tu
me dar aquilo, todos sabemos que o
dizimo era do tempo de Moisés e que o
Abraão também já tinha dado a Deus o
dizimo e Deus se agradou disso, mas tem
que ser dado de coração, não de qualquer
jeito, Jesus disse: se tem algo contra seu
irmão, vai primeiro se reconciliar com ele
e só depois dar a sua oferta, isso é bem
sério irmão, se bem analisado. Dê de
coração sua oferta, seja ela grande ou

pequena ela não pode deixar de ser dada, isso agrada ao Deus vivo, já o dizimo não estar sendo agradável porque não conseguimos dar do jeito que Deus exige, ficamos então com o que Jesus nos ensinou, oferta da fé de coração, de amor, de corpo e alma, sem pensamentos mundanos, e sem pensamentos em receber algo em troca da parte de Deus, vamos dar primeiro a oferta do perdão, aos nossos irmãos e depois a do altar, amém. vamos nos unir irmãos contra as forças do mal. Vamos nos amar mais e mais, o amor é sem fim. Deus é sem fim, e nos vamos ser também sem fim. Pensem nisso. Após dar minha oferta fiquei a imaginar o que a irmã poderia fazer com ela, e já meia que orgulhosa de ajuda-la a realizar tal coisa, comecei a pensar nisso, de repente meu filho pequeno chegou e disse: mãe aqui o que Jesus lhe mandou, eu peguei uma caixinha branca com três moedas dentro no valor de um real e dez centavos, muito estranho aquilo, e Jesus me disse: aí é a oferta da viúva, pouco foi, mas de coração sem mácula e eu caí por terra de emoção com aquela caixinha na minha mão, caí no choro e lhe pedir perdão pelo o meu pensamento de orgulho e empáfia, tenho a caixinha até hoje comigo é meu segredo de oferta agora, não deixo mas ninguém saber o que dou, essa contei para o aproveitamento dos irmãos, como eu disse eu sempre dei como eu quis, mas agora só dou comandada por Jesus, é difícil dá em segredo e em secreto, mais é assim que agradamos a Deus. Minha oferta será em segredo agora, não importa quanto, mais em segredo, Deus ama essas coisas e não importa se é a oferta do pobre ou do rico, ela tem que ser dada da mesma forma, de coração limpo e em secreto, para não causar orgulho da parte de quem dar e desconfiança da parte de quem recebe, ditado "quando o santo ver a esmola grande logo desconfia", oferta orçada, oferta da viúva, não importa faça uma gracinha para Jesus, eu poderia hoje estar dizendo que não der nada, o Deus não deixa eu falar isso pois as ofertas são Dele, e vem Dele, e tem que voltar para Ele, amem? As ofertas não são só de dinheiro, tem as intercessões, as orações, os jejuns, a entrega do seu corpo e da sua alma para o trabalhar do Senhor como um vaso, sempre que der suba o monte para orar, é muito bom e gratificante, ore pelo o seu irmão, tudo isso chega a Deus como oferta agradável, uma oração bem sincera é melhor do que você dar dinheiro, pois o dinheiro é para tampar um buraco material e a oração tampa as brechas espirituais e isso não tem dinheiro que pague. Jesus disse:

Marcos 72, 41- assentado diante de gazofilácio, observava Jesus como o povo lançava ali o dinheiro. Ora, muitos ricos depositavam grandes quantias. 42- vindo, porém, uma viúva pobre, depositou duas pequenas moedas correspondente a um quadrante. 43- e, chamando os seus discípulos, disse-lhes: em verdade vos digo que esta viúva pobre depositou no gazofilácio mais do que o fizeram todos os ofertantes. 44- Porque todos eles ofertavam do que lhes sobravam, ela, porém, da sua pobreza deu tudo quanto possuía, todo o seu sustento. Isso quer dizer que realmente ela deu tudo que tinha ali em suas mãos e em sua vida, sem se preocupar com o amanhã, ela com certeza fez seu sacrifício, sua gracinha para Jesus e ele estava ali a lhe observar seu amado e puro ato de caridade, e assim chamou a atenção de nosso amado Jesus. As vezes essas coisas aos olhos humanos são loucuras, mas para o mundo espiritual é uma coisa normal, o que fazemos em nome de Jesus, só quem estar ligado no céu sabe e compreende, eu chamo todas essas coisas de "trabalhos espirituais", a doação é o melhor trabalho que se faz neste mundo tão sem amor, faça tudo em nome de Jesus que ele aceita suas ofertas, tanto o dinheiro, tanto o seu corpo em doação, um olhar amigo, um abraço amigo, uma oração, etc, tudo é bem vinda aos olhos de Deus, faça o bem sem olhar a quem, sem maldades, sem máculas de coração limpo, doe e se doe em nome do Senhor Jesus, que você vai ver os milagres dele em sua vida, amem. Não tenha medo faça o que Deus quer, mesmo vendo as adversidades, assim como o mal trabalha, nós temos que trabalhar para Jesus . Eu orcei a minha oferta e dei de coração, como sempre, mesmo todos achando que sou bem de vida, eu recebi todas essas coisas de Deus, eles acham que sou rica mais nunca me senti assim, sou rica das graças de Deus, eu fui sempre humilde e não deixei o dinheiro tomar conta do meu coração, fui procurar meu pai Deus na riqueza que ele me deu, e disse: meu pai se é que posso te chamar de pai, mas desde já quero fazer parte de sua família, não pense que me deu essas coisas e que eu quero ficar com tudo isso sem você, eu quero mesmo é ser sua filha, e poder lhe chamar de pai, pois tu sabes que não tenho nenhum pai, sou órfã e o Senhor prometeu a cuidar dos órfãos de das viúvas, pois eu sou os dois e faço o que for preciso para poder ser sua filha amada e querida, mesmo que os crentes não me vejam assim e me considerem sempre como uma visitante e ímpia, eu quero pai o que os crentes tem, o Espirito Santo, não precisa o Senhor me dar línguas estranhas pois não mereço tanto, só quero falar o português bem claro para todos saberem que sou sua filha, e que não brinco de ser crente, tenho fé em Deus e não quero ser confundida mais com aquela que é do mundo, e mudo tudo, roupas, brincos, maquiagens que amo e digo não sei sair sem e etc. O Senhor me ouviu, não fui mais as piscinas que era minha paixão, as praias mais ainda minha diversão, e tudo que já sabem que renunciei para receber o seu Espirito Santo, jesus limpou o meu coração em uma noite e nada mais senti, uma liberdade e uma paz interior que não dar para explicar só sentir e foi assim minha oração, após muitas campanhas, eu me sentia um peixe fora d`água nas igrejas, sempre de cabeça baixa eu entrava e saia, quietinha só ia para ouvir a palavra do Senhor em várias igrejas, sempre deixando minhas ofertas grandes naquela que eu ficava a mais tempo eu deixava lá, as outras eu dava pouco, nas igrejinhas, pois nas grandes como a Universal, eu achava que tinha muito já e não mereciam minha oferta. É difícil dar em uma casa que tem gente não crente, pois meu marido olha tudo e ver que eu deu as coisas, ele fica nervoso se eu der algum valor alto, mesmo o valor não sendo dele, pois a renda da casa é da minha pensão de viúva que pertence a meu filho mais velho, que como já falei sem ela corremos todos, o risco de ficar sem recursos para as despesas que são muitas, eu depois que dei essa oferta, não pelo o valor mais porque mexeu com o mundo espiritual, fiquei mal financeiramente, pois meus cartões todos foram bloqueados e hoje não possuo nenhum crédito na praça, devo esse apto, e vou ter que ir embora se assim o dinheiro da pensão acabar, pois agora também recebi essa ameaça que vão bloquear a pensão coisa do governo né, eu estou muito apreensiva mais estou confiante nas mãos de Deus, como disse eu fui buscar Ele antes de tudo e aí de me se não estivesse ido lhe buscar. O Senhor me ajudará a suprir tudo, sofro com as contas, mais quem não deve hoje, que atire a primeira pedra, é difícil um honesto ficar devendo é chato e preocupante, mas fazer o que? O Senhor tem me ajudado e até meu marido começou a me ajudar nas compras de casa, eu também pedir isso a Deus, que desse muito trabalho para ele ganhar dinheiro e me ajudar, e vejo hoje Deus agir nele, amem, eu tenho muitos bons que Deus me deu, costuro, pinto tela, faço bolos e doces, tem meus livros, minhas musicas e etc, sei que não morrerei de fome, com minha saúde restaurada por Deus vou trabalhar como antes e como nunca trabalhei pois agora estou com o Espirito de Deus para me guiar em tudo. Estou feliz nas mãos de Deus, os livros vou colocar grátis no site, mais se alguém quiser comprar impresso ele poderá compra-lo também. A pastora Val logo reconheceu que eu estava com Jesus, eu fui lá na duvida ainda pois os irmãos sempre me olhando atravessado e me colocaram a duvida, inclusive um irmão da igreja os filhos de Deus pregou quando eu fui lá para a doutrinação que satanás também fala em línguas e eu fiquei estarrecida com essas palavras, e disse que para ter o espirito santo não precisa de mover nenhum e a língua que o espirito de Deus falava era a língua de cada país estrangeiro, como estar escrito na bíblia, para o bom entendimento do povo de cada país e não a língua que falam os pentecostais, do Espirito Santo, me colocou em dúvida e eu voltei para casa muito triste, pois aquilo que eu tinha era de Deus e não do diabo, as irmãos e os irmãos que não tinham o mover do Espirito Santo ficaram todos cheios de si, e na terça-feira eu fui novamente como Deus me mandou e comecei a profetizar em línguas e as irmãs que estavam do meu lado começaram a me olhar feio como quem diz que eu estava com o satanás, pois foi isso que o irmão pregou em um dia antes aqueles eu pedia a Deus misericórdia, com vergonha delas, mais Deus não deixava de profetizar, a mudança de liderança daquela igreja, pois lá tem o mover do Espirito Santo e aquele dia o irmão veio com essas palavras que derruba qualquer crente, imagine eu que estou começando agora, ali era que era satanás falando, pois Deus me revelou que satanás não fala a língua dos anjos dele, e que o que satanás fala é a língua do pais em cada ser humano e a língua dos escravos e dos índios e etc, a língua do Espirito de Deus satanás não fala, **corta essa Deus.** Eu falei com Deus, meu pai demorou tanto para eu receber essa língua e esse mover e agora dizem que é satânica, eu nem te pedir para falar em línguas só te pedir teu sobrenatural que é o mover do teu Espirito Santo e agora pai como vou ficar eu diante dos meus irmãos que humilhação eu estou passando por causa disso, eles tem e eu não posso ter? como é isso? Deus disse que alguém possuído por satanás, inclusive os crentes podem imitar as palavras que ouvem do Espirito, imitar não falar a língua do Espirito dele, isso é um dom que só Deus dá, a nós, ninguém pode derramar o Espirito dele em ninguém, só Ele pode. É algo sobrenatural entre ele e o filho dele. Então na quarta-feira fui ao monte e Deus usou um irmão para disser que tenho Deus, na quinta-feira a pastora val falou: Rosen você não estar doida você tem é Jesus, eu me senti visitada por ele, amem e fiquei agradecendo a Deus por tudo e pelas respostas. Ela reconheceu Jesus em me e eu reconheço jesus nela e na filha dela Bianca, Jesus estar com a sua igreja e eu também, ora meu irmão! Fui na quarta-feira naquela igreja que falou tais coisas e fui no monte também, pois Deus me mandou ir lá três dias e no terceiro dia a irmã que me olhava atravessado me deu ate oportunidade eu estranhei tomei um susto e não aceitei, não tinha força, nem nada a dizer, depois do baque que tomei lá, sempre eles falavam da minha calça comprida que eu usava e olhava meu brinquinho que não largava nem com o Espirito Santo em mim, ele não mandou eu deixar de usar, mas por causa dos irmãos eu pedir a Deus para me ajudar a deixar essas coisas, então na minha ida ao hospício a minha caixa com cinco pares de pedras preciosas sumiram lá e só fiquei com o da orelha e outro que quebrou a pedra, depois da doença sumiram os dois e mais nada me restou das minhas joias, não uso mais nada, nem maquiagem e as calças foram aposentadas, não uso mais só uso vestidos, amem irmão, virei crente na roupa e no coração, porque de que adianta tua roupa lá nos pés e teu coração lá em cima cheio de soberbas para com os teus irmãos, se achando mais crente que o outro só pela roupa que vesti, tu por acaso sabe o que tem no coração dele, se liga irmãos? Na igreja da pastora val e Bianca já vi gente ímpia até sem camisa e elas as irmãs tratam eles muito bem e com amor de Jesus, até shortinho lá na polpa da bunda já assistiu culto lá, e não vi descriminação, por isso estou lá, essa pastora é das minhas, eu pensei cá com Jesus, é de oração que eles precisam e da palavra, depois Deus muda tudo como ele me mudou. Os dias que passei enferma foi na fé orando, e ainda intercedia por os irmãos, porque eu vi e vejo algo espiritual muito forte que estar para acontecer, não é o fim do mundo mais é um aperto da parte de Deus para os crentes se consertarem e se chegarem a ele, acredite se quiser, Deus me revela, essas coisas. OREM, OREM, OREM E SE UNAM A CADA DIA MAIS PARA SUPORTAR TAIS APERTOS, TANTO ESPIRITUIAIS QUANTO MATERIAIS, QUE O SENHOR TENNHA MISERICORDIA DE NÓS, LOUVEM, LOUVEM, LOUVEM MAIS E MAIS QUE ELE ESCUTE NOSSO LOUVOR. Não fiquem queimando coisas em nome de Deus pois ele não estar mais aguentando tanto fedor que chega as suas narinas que são Santas e puras, tem um irmão que come da Universal que diz comer até a bíblia se o milagre não acontecer e isso deixa nosso pai triste, são essas palavras que o Senhor nosso Deus abomina, eu intercedo pelos que falam isso e pelos que escutam isso, o pai vai bradar com esses hem? Vejam o que ele fez comigo que rasguei um pouco da bíblia em minha petulância, e o que ele fez com seu filho amado e obediente Moisés, por quebrar as primeiras pedras da lei, Deus não esqueceu e no tempo de Deus o puniu, ele não entrou na terra prometida só viu pela misericórdia do pai. No meu arrependimento quase morri, foi um aperto espiritual tão grande que até satanás veio na minha casa, isso eu sei, Deus permitiu e eu lutei e me agarrei ao Espirito de Deus com toda minha fé, fui levada ao hospício várias vezes quando no tratar de Deus e não desisti dele até hoje, Deus é fiel aos fiéis. Quando eu estava lá dentro não podia fazer nada e se eu ajudasse as outras internas eu era amarrada com uma espécie de cinto tipo o dos judocas, eu fui amarrada umas duas vezes por ajudar as outras a se desamarrarem, e Deus me ajudava eu me desamarrar só, não sei como mas eu saia das amarras, e pronto estava livre novamente. Era horrível ser amarrada quando você não estar louca, e sabe tudo que se passa, tinha muitas lá que estavam dopadas e não sabia nada mais direito, só Jesus na minha causa, as monitoras achavam e tratavam todas como loucas e davam mais de sete remédios, não sei para quer tanto remédios se só com um dava para dormir, no meu caso que era de hipertireoidismo nem se fala. Jesus estar na minha vida a mudar todos os meus planos que a meu ver era bom, mas ele não aprova, e o que quero agora é a minha salvação, sei que tenho que permanecer nele, com luta mais com ele e de coração limpo por ele de mágoas e todas as sujeiras que o mundo te coloca, só Jesus faz isso por nós, chame ele e ele te limpa também, eu não sou santa porem estou sendo purificada dos meus pecados, amém. Gosto de interceder por todos que sofrem, Deus me usa para isso agora e querendo Deus quem impedirar, o Senhor me mostra o oculto e o profundo através de sonhos, isso vem quando Deus quer, sempre dormindo minha alma sai do corpo e eu passeio em lugares que nunca imaginei existi, são mundos inferiores horríveis que satanás fez para aqueles que morrem sem Jesus, mais o Senhor disse que até de lá ele o socorre ainda se assim eles o chamarem, e se arrependerem dos seus erros aqui na terra, intendi que até o ultimo dia e a ultima hora Jesus o salva, mesmo você não estando mais em carne, no dia final do juízo final todos aqueles que não se arrependerem dos seus pecados, Jesus fez várias moradas e satanás o imitou e fez as dele também, são de prisões horríveis que não conseguem sair, pois além de você gostar do que estar vendo eles te envolve e quando o tempo passa você já estar preso lá, com os demônios e daí começa o seu padecer, nada é mais bom e lindo como via quando chegou, e tudo se torna tortura, não queira ir a um mundo deste e mude de atitude com relação a sua vida terrena amigo, vá se curar das suas doenças, seus vícios, suas más condutas e se arrependa que ainda dar tempo, Jesus garantiu, ainda dar tempo se volte para ele. Procure uma igrejinha perto de sua casa, sempre tem uma, não olhe para nada nem ninguém e escute a palavra que é de Deus, compre uma bíblia para começar a lê-la nela estar tudo e é a palavra de teu pai que não estar alegre com tua perdição, "DEUS", chame por Jesus, pois só ele vai te salvar. Tem aquela parábola que Jesus falou, que você não pode servi a dois senhores porque um ira ficar aborrecido, e que você não pode acumular tesouros na terra, porque a traça e o ferrugem comi ou o ladrão vem e leva, e é no céu que temos que acumular tesouros, se nos amar essas coisas aí é aonde estar o nosso coração e é nele que nossa alma vai ficar presa, são lembranças do que deixamos para traz, entendi? Os demônios escutam você falando eu amo minhas joias, eu amo isso, eu amo aquilo, e quando tu morre fica presa aquilo que diz amar mais do que a Jesus que é o que salva e teu pai que te ajuda sempre neste mundo. Por isso Deus pede para você o amar em primeiro lugar e depois a ti mesmo e depois a teu irmão, isso é bem claro na bíblia, você vive bem mais não se apegue a tais coisas pois assim como tem hoje amanha poderá não ter mais e sem ama-lo vai ser mais fácil o seguir a vida terrena e assim amando a Deus tu receberá o teu tesouro no céu, se arrependendo e seguindo com Jesus tua salvação estar certa, amem, o Senhor perdoa tudo e a todos. Isso tudo porque quem sabe a hora de você morrer é Deus, e se você morrer em uma esquina qualquer hoje no pecado, ficara preso com esses bichos, que ficam só esperando sua derrota total que é a morte no pecado. Siga os dez mandamentos, chame por Jesus orando e ele se chegara até você. Jesus quer te salvar, ative sua fé orando ou louvando, e se conecte com eles, os três: pai, filho e o Espirito Santo de Deus, eles junto são Deus único, o único que pode te ajudar, neste mundo, o Espirito Santo é nosso amigãozão, eu amo vocês e por isso estou abrindo minha vida a todos vós, por amor a Jesus e por amor a vocês, estou expondo minha vida aqui neste livro dando meus testemunhos como Deus tem me pedido. Deus tem me honrado pois as parcelas do cartão vieram mais baixas e eu paguei umas parcelas e estou na fé que pagarei as outras, eu mesmo subir i monte e levei minhas contas para interceder junto a Deus e os cartões foram todos bloqueados e eu não comprei mais nada no cartão só a dinheiro, as parcelas ainda estavam muito altas e não estava pagando mais eles diminuíram e paguei 4 já, porem apertou novamente e esse mês não deu para pagar, agora só Deus novamente para me ajudar a pagar, pois a palavra dele é que temos que pagar nossas contas inclusive os impostos, pois Jesus disse: dá a Cesar o que é de Cesar, eu só tenho dado a Cesar, pois os impostos levam quase todo o meu dinheiro com esses cartões, melhor sem eles irmãos, ajuda mais é uma ajuda que requer responsabilidade nas compras e nós temos os dedos nervosos e compramos tudo, tudo no cartão em parcelas com juros esse é o nosso erro, se fosse dividido sem juros até que dava para pagarmos direitinho mas com juros complica, Deus te livre disto meu amado irmão. Deus me incumbiu de interceder pelas as igrejas e eu fiquei perplexa a perguntar, Deus logo eu, e me confiou essas palavras para edificação dos irmãos não para vender livro, ele vai estar grátis, quero dar de presente para umas igrejas mas não sei como, não tenho verba para isso, só Deus sabe. As vezes eu discuto com Deus e digo Senhor como posso eu falar essas coisas as igrejas já formadas em teologias e tudo mais eu nem conheço tua palavra direito ainda e tu me dar essa responsabilidade, e ele me responde no meu coração é você mesmo que tem o coração limpo e sem maldades igual a uma criança, pois assim te deixei e você vai fazer esse livro do jeito e com as verdades que eu ditar no seu coração, amem irmão, não sou eu é Deus a vos falar, acredite se quiser, eu até disse a ele: pai eles não vão acreditar em nada dessas coisas que eu escrevo, Deus disse que quem ministra é ele, eu só teclo, empresto minhas mãos a ele e todo o meu resto do corpo. Luto contra minha carne, irmão, não contra tua carne, intercedo pelas igrejas do mundo todo viu, assim Deus me deu autoridade, sofro horrores e dores e doenças e agora estou perdendo minhas coisas materiais, não sei o que vem depois mais quero minha salvação e a sua também, é uma aliança com nosso Deus, forte e poderosa, só eu e ele sabe o que estou sofrendo, até aqui você viu como foi, mais ainda é bom, pois as vidas valem mais do que qualquer coisas neste mundo de ilusão, agora sei que tudo aqui é ilusão, é como o irmão da bíblia escreveu, tudo é vaidade, nada vale apenas, só as almas. Eu ainda vou me casar, mas vou, eu ainda vou me batizar, mas vou, isso eu não posso mas negar a meu pai e a meu irmão Jesus. Eu deveria emagrecer de tanto suor que derramo, agora eu choro pelo o corpo, meus olhos ficam fechados as vezes e ficam bem abertos espiritualmente falando, e sinto o cheiro dos maus espíritos que chegam sempre acompanhados dos ímpios na igreja, e sinto quando Jesus chega ou um anjo de Deus para pelejar por aqueles ímpios que estão lá, é um grande mistério eu não sei o que Jesus faz comigo, mais trabalho com ele nessa hora, é uma luta grande para eles ouvirem a palavra, os pastores talvez não saibam, mais os demônios passam pela mente deles a toda hora e jogam palavras na mente, e até esquece a pregação na hora que eles passam, tentando atrapalhar a palavra de Deus, mais o anjo da igreja joga eles ao chão e eles ficam só voltando, por isso a igreja tem que sempre interceder e ficar ligada por causa desses roubadores de palavras, se conseguíssemos ver era uma luta assustadora. Aqueles espíritos maus se lançam contra o irmão pregador e Deus joga lança eles fora, assim me disse o Senhor na hora da pregação, e me fez ver o quanto a minha intercessão era importante, nas igrejas que frequento, podem não me dar nada, mas Deus estar me dando, o trabalho que tanto lhe pedir, com meu insisti ele honrará minhas palavras como profetisa, para isso tenho que passar por todas essas coisas e concertos, não vou ter como escapar de ser uma profetisa, pois o Senhor me treina para isso, posso ser intercessora agora, depois levita amanhã, missionária de coração, mas o Senhor me faz saber que vou ser uma verdadeira profetisa, não abrirei minha boca sem que ele permita, eu falei muita coisa errada na presença do meu pai, ele ouviu tudo por isso a minha expiação, pensando assim é tudo simples né, é só aceitar a vontade de Deus, amém? nas madrugadas Deus me acorda para orar, eu não durmo tem noite e tem tempo, depois Deus dar um descanso e eu só oro normal, ele sabe a hora que se precisa interceder, não sou eu não, é ele que me avisa, pedir um trabalho e ele me deu. Eu sei que para eu ser crente a luta estar maior porque o que Deus tem comigo é grande, eu queria um trabalho espiritual e ele me deu. Em 2015 quando eu estava no hospital Deus mandou uma bíblia para me e eu não conseguiria hoje em dia ler se assim pegasse qualquer uma. Pois o senhor já sabia que minha vista ia ficar curta, não consigo ler outra bíblia se não essa que é letra extragrande, ele mandou a irmã dar a meu marido para a gente ficar lendo desde o tempo que aceitei Jesus lá no hospital, sei que ele vai me curar da visão pois ele me disse, que me curará a me e a meu filho mais velho. Naquela época eu não gostava de ler as letras pequenas, sempre me perdia nas palavras, mesmo eu tendo rasgado a bíblia antes de ter ido para o hospital em 2015, Deus me deu uma bíblia de presente, ele é bom e misericordioso, amém.

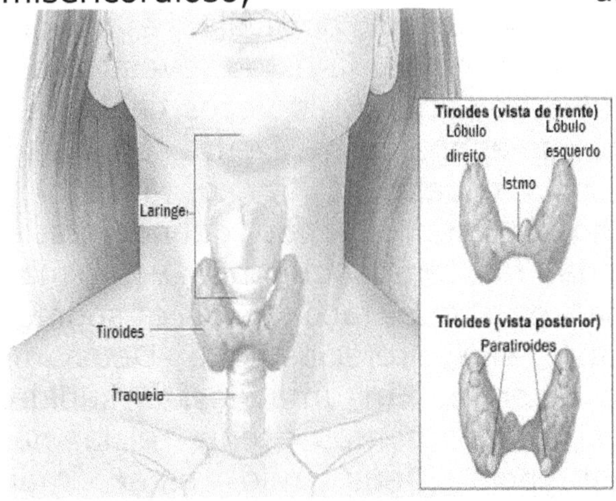

Capítulo 14

O MONTE

Esses meses que subo ao monte com a pastora Val e Bianca e outras irmãs da sua igreja, tendo orado por todos os irmãos ímpios e não ímpios, e intercedido pelas famílias que é a base de tudo aqui na terra e que satanás tem investido nelas para as suas desuniões e destruições, tenho subido também sozinha quando assim Deus me manda, para fazer algum trabalho lá, ninguém sabe, mais tenho feito trabalhos lá no monte, quando Deus me pede em particular e quando subo com a irmã Val já estou revestida das investidas do inimigo, as vezes chego lá e só fico quietinha com Deus sem fazer nada, pois o feito já fiz só, aprendi o caminho do monte e vou quando assim solicitada, faz tempo que não vou mais sozinha, e o que faço e fiz é segredo espiritual, são profecias que Deus me manda fazer lá. Em uma dessas subidas eu levei minhas contas e enterrei lá, não queimei pois Deus não estar mais gostando de coisas queimadas, levei o nome do colégio do meu filho mais velho, pois o colégio Marista, serve as imagens e eu coloquei meu filho lá para estudar antes de aceitar a Jesus, e meu filho entortou a sua coluna lá com o peso da mochila e teve em 2016 de fazer uma cirurgia de escoliose nele séria e ficou 6 meses sem ir as aulas, só fazendo as

provas em casa e em 2016 passou de ano,
em 2017 ele parou de ir a escola quase o
ano inteiro e mesmo assim passou de ano
e estar hoje na faculdade para honra e
gloria do nosso Deus, eu fiz o que Deus
me pediu e profetizei e intercedi por ele e
fiz expiação pelo o meu erro de deixar ele
lá na escola que serve as imagens de
esculturas, "santos". Foi batalha travada
com satanás e seus demônios, mas venci e
ele passou sem estudar e frequentar a
escola, Deus estava no comando, vinha as
adversidades eu levava atestado médico e
ele se safava das faltas. Na hora de
colocar ele na faculdade eu conseguir uma
bolsa pela metade do preço e quase no dia
dele começar a faculdade ligaram para
minha casa dizendo que não tinha formado
turma e que o meu filho tinha que
procurar outra faculdade, então Deus me
orientou de entrar na **santa internet**
novamente e procurei outra bolsa, eu não
tinha mais dinheiro e o Dinheiro que
sobrou do mês, que era para o
pagamento do condomínio, pagamento
esse que não conseguia pagar e foi ficando
na minha mão, sem eu saber o porque,
mais o Senhor já sabia e a outra parcela
da outra faculdade ainda não tinha pago
também algo me mandava adiar, então
imprimir o boleto e paguei a nova
faculdade para garanti sua vaga e graças a
Deus eu deixei o tíquete da senha que fui

na faculdade e eles me mandaram voltar no outro dia com os documentos da bolsa que lhe escrevi, então fui na igreja interceder pelo o meu filho e Deus me mandou deixar o tíquete no altar da igreja da irmã Val, assim eu fiz, com vergonha mais obedeci e meu filho conseguiu a bolsa e estar na faculdade por milagres, pois não ia as aulas e nem estudava, só ficava no celular o dia todo, talvez ele estude por lá né irmão, "santa internet", mais Deus é o mentor de sua inteligência. Eu estou indo ainda ao monte e sei que Deus vai me ajudar a resolver minhas dívidas financeiras a que me meti, por falta de buscar ele da maneira certa em 2013 nas campanhas da igreja universal, comprei esse apto maior e agora tenho que pagar as prestações e com tudo isso que estar acontecendo não sei como, só Jesus na nossa causa, estou na fé. Já fui apertada espiritualmente, com doenças e agora financeiramente, mas continuo na fé pois ele sabe todas as coisas e não me deixa faltar nada, meus cartões de credito levei ao monte e foram todos cancelados, não compro mais com eles só com dinheiro, é a vontade de Deus, lembra que escrevi aquelas coisas sobre o pagamento das ofertas no cartão com deboche. Então é assim que Deus responde a seus filhos com a vara da correção, eu escrevi sem maldades mais já que achando bonitinho e bom o que fiz. Temos que ter muito cuidado com o que falamos e do jeito que falamos, Deus não é menino, é pai grande e muito antigo, mais suas promessas se renova a cada manhã cheias de misericórdias. Eu estou sendo treinada e seu treinamento comigo é assim, tem sido assim para sua honra e gloria. Eu intercedo pelos os irmãos loucos, adolescentes, crianças e pelos os mendigos, pois eles precisam de nós intercessores de Jesus e profetas de Deus para profetizar as suas libertações, seus livramentos. A maioria dos loucos são espíritos ruins que abitam neles, e a mendigagem também, as crianças estão dominadas por tv, celulares com filmes, desenhos satânicos de bruxos e etc. Essas crianças e os adolescentes são o futuro do mundo material e espiritual, se eles só vê bruxarias nas tvs, o que vão querer ser no futuro? Bruxos né? Eu digo que não há poder maior do que receber o Espirito Santo, esse poder é melhor que drogas, bebidas e etc. aconselho vocês pedir a Deus esse poder, ele é realmente forte e com ele você realiza coisas imagináveis é uma força poderosa, por isso me sinto poderosa hoje, nada vai me tirar essa força sobrenatural que Deus me deu, busque na bíblia essa força, "A PALAVRA DE DEUS DÁ ESSE MOVER". Bem verdade, eu passei por tudo isso, mais com o poder de Deus em mim, se não, eu não teria conseguido e teria morrido, no hospital, assim como senti-me morrer várias vezes lá e aqui em casa também, só Jesus para me curar essas vezes todas, era feitiços em me, doenças, bebidas e varias coisas ruins que só Deus sabe, pois sei que ele me livrou de coisas que eu nem sabia existir. Eu agradeço a Deus pois estou viva para conta-lhes minha historia, espero que me entendam e me perdoem por falar das minhas idas e vindas as igrejas, não me julguem mau, pois foi Deus quem permitiu assim eu escrever. Tem igreja que o Espirito Santo nem entra mais de tão frios que estão os irmãos, aconselho irem ao monte, é um avivamento na alma tão bom, tão especial e tão poderoso que eu saiu de lá quase voando, muito bom, apesar de ver várias coisas lá, lá eu me sinto bem e tranquila, aconselho aos irmãos de outras igrejas a si visitarem e a levar o Espirito santo a essas igrejas, pois Jesus está em todas é só aciona-lo e com sua intercessão o Espirito de Deus entra lá na igreja fria, não rejeite a oportunidade de ir lá pregar a palavra de Deus não, leve seu mover a essas igrejas, não esqueça de jejuar nesse dia que for pregar lá, as igrejas mais frias que eu frequentei foi as batistas e a do sétimo dia, até na católica já vi duas vezes o mover do Espirito Santo, em dois irmãos diferentes um do outro, as igrejas tem muita teologia e Espirito de Deus que é bom nada, até na universal eu senti seu Espirito lá, apesar de lá ser como a Babilônia que tem de tudo e só falam de dinheiro, lá eu senti Deus por causa dos crentes fiéis que abitam aquela igreja, Deus ainda não os abandonou. Nós crentes que temos o Espirito Santo é que levamos ele as igrejas, porque Jesus tem haver conosco e não com um lugar material de paredes de tijolos e com placas de vários nomes ao qual deveriam chamar apenas igrejas de Jesus, ele quer nós, nós somos a igreja, você sabe já disto mais tem gente que não sabe e eu o escrevo, assim, bem claro para não haver dúvida de ensinamentos de pastores, que só pensam em dízimos e ofertas, tiram a lã das ovelhas e largam na rua da amargura sem nada e até nas portas das igrejas sem transportes como já vi na igreja universal. Deus estar observando tudo isso irmão e coisa muito mais oculta que não sabemos, nem as mídias passam. Deus vai levar a sua igreja, um só povo, uma só religião, nem duas, nem três, só uma igreja, união é a palavra de Deus para esse século, não podemos mais nos dividir em placas de igrejas, vamos nos visitar e nos unirmos em um só povo como Deus pede, pode testificar esse Espirito que vos escreve, tire a prova com Deus. Deus é único, três em um só: pai, filho e Espirito Santo. Você não pode fazer uma igreja com o nome do pai, sem que o filho não entre e o seu Espirito o repudie, não repudie o Espirito Santo e seu mover, ele é assim, e é assim que ele trabalha. Blasfêmias, abominações, são as palavras deles para as igrejas desobedientes e inventadeiras de doutrinas vãs que só atrapalha o trabalhar de Deus. Deus quer o que habita as igrejas, que somos nós, não as formosuras, os perfumes e as bonitezas, nem roupas, nem nada, nesse inicio para o fim ele só quer um coração adorador e sincero para com Ele em conecção através de louvores e orações, sabendo também que tem louvores que Deus vira as costas e orações também, a coisa é séria irmão se ligue. Porque quando o sol escurecer a lua ficar em sangue no céu, o que nós crentes vamos fazer? Vamos entrar em conecção com Deus né? Quando isso acontecer é para largarmos tudo que estamos fazendo e entrarmos em oração por todo o mundo, e tem que nessa hora haver união no mundo e amor entre os irmãos, e uma só lei, a lei do amor tem que reinar, para haver o arrebatamento do máximo de pessoas que poder. Jesus vem a qualquer hora do dia ou da noite, não sabemos, vai ser em um abrir e fechar dos olhos dele, Deus estar ajustando o relógio quando chegar no ponto certo, Jesus fará esse milagre. Hoje dia 21.03.2018, eu desmaiei e caí sem grande prejuízo, só cai e me levantei no mesmo minuto, agora que não tenho mais plano de saúde estou preocupada. Esses dias minha irmã me disse que sua filha que estava no mundo se voltou para Deus e estar indo novamente a igreja do véu e ela também estar indo, mesmo fraca mais estar indo, sei que minhas intercessões no monte estar me rendendo muito, Deus é fiel, meu marido estar fazendo o mercado com o dinheiro dele, e eu estou pagando o resto das contas que como já disse são muitas. Minha irmã mais nova surda-muda voltou a ter problemas e ninguém sabe o que é, mas sei que Deus estar libertando ela, assim como fez comigo, amém? Todo mundo da rua já diz que ela estar com mal espirito e que estar doida, eu já sei que ela não tem nada como eu, e isso vai acontecer com várias pessoas na terra, pois é o aperto de Deus, para com os seus, não tem como fugir disso, é isso ou satanás toma de conta de nós e nós não queremos isso, preferimos ficar nas mãos do pai, doe mas liberta, não há libertação sem humilhação, sem dor, sem passar pelo o estreito se você estar no largo a vontade veja direito o que estar acontecendo, será que seu caminho estar certo? Veja aí irmão, porque é hora de expiação! A minha irmã surda-muda estar com aqueles problemas e começou a ficar arredia e triste, não quer nem tomar banho, ninguém sabe o que é, o Espirito de Deus é que não é, pois em mim ele age diferente disto, ela não quer tomar remédios e nem ir as igrejas, fazemos o que podemos, mais a palavra chave é a paciência junto com orações, eles foram levar o nome dela para uma feiticeira e ela disse que não gastasse nem uma vela com ela, pois o que ela tem não é espiritual, eu achei um absurdo minha mãe fazer isso junto com o irmão que mora lá em casa, com mãe, é nosso parente que achamos aqui em salvador em 2015 quando eu estava no hospital, um outro milagre de Deus que vou contar com mais detalhes no livro "**DEUS É DE +, AINDA EXISTEM MILAGRES".** Eles dois são crentes da Igreja Sétimo Dia, e indo a isso? Como é isso? Grande fúria do nosso pai, e minha também, estou revoltada com minha mãe de ir procurar essas coisas, e já queriam ir pra me também! Que absurdo, eu sou de Jesus né de diabo não. Eles já estão pagando o erro deles, pois mesmo eu pedindo encarecidamente que não fossem, eles foram. E a igreja fica aonde nessa, eles não sabem que Deus abomina isso? Eu falei e bradei, mais já tinham ido quando cheguei lá. **Jogaram as imagens fora e agora vão procurar os demônios!** Como é isso? Desculpem os desabafos. Eu fui falar com a irmã Marina e ela disse que estava tudo certo para o casamento, agora ela falou com o pastor Manuel que iria ajudar a ela e ele disse que não vai poder fazer o casamento porque vai viajar, e comentou com ela que o casamento só poderia ser feito se fizesse no civil primeiro e nós perguntamos aonde é que estar escrito isso na bíblia, pois para me o que vale é o realizado na igreja, mais eles estão irredutíveis e pedem o casamento no civil primeiro, e nós só queremos o da igreja primeiro, mais já estamos providenciando o do civil, "Que Jesus disse que essa lei é do homem" e nem Moisés no tempo da LEI severa casava assim os fiéis de Deus, faziam uma rupar e casavam abençoando em nome do Deus altíssimo e pronto, nada de documentos, nem registros de casamentos. Ela a pastora Marina finalmente aceitou a fazer o casamento assim nessas condições e vai abençoar a nós dois, isso é coisa de satanás para atrapalhar o casamento, eu sei disso, no decorrer da semana até chegar o dia do casamento eu contarei como vai o andamento, Deus já aceitou meu casamento assim e eles os pastores tem que ver isso, pois as vezes o civil é bem complicado para realizar, é muita burocracia. Após Jesus como é o casamento? Por acaso não continuou do mesmo jeito? Pois os pais de Jesus só se uniram "se juntaram", porque naquele tempo não era permitido casar a mulher que não era virgem, e os familiares não acreditaram na historia que José contou, a comunidade foi a mesma coisa, assim como tem gente que até hoje não acredita, Maria e José foram morar juntos e não puderam se casar, só que eu sei que o meu país exige o casamento no civil e essa é uma lei do homem e não de Deus, criada por Deus, veja na bíblia essa verdade, sobre os pais de Jesus. Eu estou casando só para cumprir a lei de Deus e dos homens, "igreja e civil". Amém? Dia 31 de março finalmente chegou o grande dia, que foi normal para me, trabalhei sozinha para fazer tudo como sempre e logo a noite fui para a igreja, satanás deu umas investidas para eu atrasar o compromisso, pois as ruas do bairro ficaram travadas por causa de um trio que passava no bairro, imaginem até um trio veio para o bairro, fomos por cima e cortamos as pistas arrodeamos e lá estava travado com um carro da coleta de lixo, fomos por outra via e finalmente chegamos, na hora vimos que as alianças

tinham se perdido e foi aquele
alvoroço de novo, então
começamos a procurar dentro do
carro e para honra e glória do
Senhor achamos e nos casamos,
tudo muito simples mais Deus
estava lá nos abençoando. Depois
de uma semana meu marido
quase ia sendo preso e o carro
também, os policiais pegaram ele
com cigarro e o carro estava
devendo multas, então foi aquele
reboliço para me, falei com a
policia e fui lá para conversar
com eles e ficou tudo certo eles
foram bonzinhos conosco, pois
Deus estava apenas alertando
meu marido para ele deixar esse
vício e se concertar na sua

presença, foi promessa para todos os lados e até hoje não deixou o vício do cigarro inlícito, "eu odeio drogas". E luto com ele por causa disso, ele não quer deixar e assim tem livre arbítrio até acontecer o provável que é a policia pegar ele e acusar indevidamente de portar mais que um cigarro, esse foi só o primeiro aviso de Deus, eu estou ligada no Senhor. Subo o monte, fico de jejum e dou ofertas intercedendo por ele, mas ele não quer saber de nada e eu que sofro no lugar dele, porém agora deixo ele nas mãos do pai, para a sua devida mudança, o pai vai corrigir ele no tempo certo, amém. O pai nos deu mais um livramento. Estou na fé e Deus tem me honrado com sua proteção, eu mudo a cada dia e meu marido só observa e ainda me critica e as vezes até me jinga quando estar nervoso dizendo que eu estou com o diabo, porque lhe aviso estas coisas, diz logo que eu estou a lhe desejar mal, só que é o Espirito Santo que estar em me lhe avisando das coisas, e ele não acredita em me, "essas palavras doi na alma de um crente, quando dizem você estar com o demônio ou cadê seu Deus agora". Eles não sabem o que dizem, irmão, vamos perdoa-los e dar o nosso testemunho como prova de que estamos com o Espirito do pai, "DEUS", eu sofro e choro e perdou, "eles não sabem que isso é um pecado contra o Espirito Santo que abita em nós, afinal de contas eles não tem o batismo do Espirito Santo e por isso falam essas coisas, mas hoje eles vão saber, não digam nada quando ver um crente da igreja evangélica a se manifestar, só ore e peça a prova de Deus, pois você não sabe quem estar ali nele. Tem gente que dar risadas, outros chamam de doidos, outros de endemoniados e etc. Eu já passo por tudo isso, e as vezes sinto vergonha, até os próprios crentes me olham atravessados como eu já relatei neste livro, e eles tem a mesma coisa, sofre do mesmo que eu, mas em me eles ignoram e dizem e fazem essa descriminação, será porque eles me acham rica, pois não sou, como já falei sou rica das graças de Deus, ou é porque sou branca? Pois eu já deixei o mundo, as calças, os enfeites, e as maquiagem tudo para não entorpecer o coração dos irmãos e mesmo sendo uma crente vestida a caráter eles ainda me olham assim, e não é porque não me conhece não, pois já estou de visitas a essa igreja abençoada a um ano, a outra era um ano, a outra a sete anos ajudando financeiramente lá, e só essa agora da irmã Val e Bianca que não vi nada de preconceito contra me. Isso foi uma luta também, por isso este livro saiu, Deus sabe todas as coisas, te amo irmão, "de um limão, fiz uma limonada e bem docinha", amém. Agora só falta eu me batizar nas águas do mundo, pois nas águas do Senhor já fui batizada, "recebi seu Santo Espirito". Vou procurar uma água que esteja pura de imundícies de feitiçarias, aqui na Bahia não me batizarei, vou para outro estado ou até outro país, longe dessas imundícies, eu devo isso a meu pai, "DEUS". "tenho ira disso", luto contra isso também. Agora em 30 de abril aconteceu o que eu mais estava temendo que era a suspensão da pensão de meu filho, e estou na fé correndo atrás dos documentos para estender até ele terminar a faculdade, pois o governo fez essa lei assim, estou nas mão de Deus e sei que ele vai me honrar e me ajudar, continuo indo para o monte de onde vem a minha benção e a igreja para as orações de intercessões, espero no Senhor, amém? Não me mudei ainda e estou na luta espiritual e agora material, já fui curada e o importante é que estou firme na rocha com Jesus, Deus e o Espirito Santo, amém? Deus é fiel

e sei que náo irar me faltar nada,
e as minhas dívidas vou pagar a
tempo, já estou vendo sua
providencia e meus milagres.
Começou agora no mês de maio,
uma campanha na igreja da irmã
Marina e finalmente na primeira
semana ela reconheceu o Espirito
que estar em me, Deus me
honrou e todos viram o
manifestar do seu Espirito em
nós. Deus é fiel... O Espirito
Santo fez ela vim até a me e
cantou um louvou dizendo que
ele estar em me, amém, Deus é
fiel e bom, eu queria mesmo isso,
porque como iria trabalhar lá
com ela sem que ela reconhecesse
que Deus estar em me? Né

irmão? Eu e ela temos que nos unir contra satanás para fazer os trabalhos espirituais da igreja que é de libertação espiritual, são sete sábados e sei que Deus vai fazer muito mais conosco. Continuo indo a campanha da irmã Marina e ela sempre estar pedindo para eu deixar Deus trabalhar e eu digo que estou deixando, só que ele não quis fazer nada ainda lá, como quando eu voltei com ela do monte naquela época e ela mandou eu sentar, não deixando Deus trabalhar. Da carne eu não faço nada o Espirito Santo que vai trabalhar e não eu. Estes dias eu continuo subindo ao monte com a outra pastora Val, e estou me arrumando para deixar esse apartamento, só que estava tudo certo para eu ir embora e agora não consigo colocar a internet lá no novo endereço, pois meu filho estar na faculdade e precisa da internet e também ele diz não viver sem ela, é o divertimento dele, Ele não sai de casa só sai para a faculdade e vive na internet, estudando e passando o seu precioso tempo, já falei com a psicóloga e ela disse que é da idade e que todos os adolescentes são e estão assim, eu perguntei a Deus e ele me perguntou se eu queria meu filho na rua se drogando ou se prostituindo no mundo? Eu respondi, não

Senhor, obrigado por guardar meu filho longe das coisas pecaminosas do mundo. Ele já fez dezoito ano e nunca namorou é só e diz que vai se formar primeiro, não se preocupa com essas coisas, só com o dinheiro para viver neste mundo e seus estudos. Deus lhe deu muita inteligência e sei que cuida dele, apesar de me parecer ateu e não acreditar nas coisas sobrenaturais que me acontece, e Deus diz que é melhor ele estar inocente sem saber da consequência do pecado, do que ler a bíblia entender tudo e depois fazer tudo ao contrario ao que leu e entendeu. Aí você estar desobedecendo a Deus, e é cobrado, quanto mais você sabe mais é cobrado, eu estou sabendo muito já e não posso voltar atrás, sei que Deus é misericordioso e me ama cuidando de me, mas agora eu tenho seu Espirito e tenho que seguir o que o seu Espirito manda fazer, mesmo que essa coisa seja loucura para os outros. Hoje dia 07.06.18 eu levantei um altar no monte daqui de perto, para Deus, as pessoas vão achar estranho e louco, pois coloquei até as ofertas e deixei lá no monte para Deus, Jesus e o espirito Santo, coloquei o que Deus me orientou a colocar, que foi o óleo para a unção, a caixinha das ofertas, a mesa com uma caixa para colocar os pedidos das pessoas para oração e intercessão e a bíblia, é claro, sem ela não precisa levantar altar, "é tudo diabo", assim fechamos nossa aliança para as minhas profecias se cumprirem e para o começo da luta contra os maus espíritos da terra, porque por enquanto o inferno é aqui, aqui mora satanás e seus anjos e todos os demônios de todos os tipos, o inferno só tem almas de Jesus presas por satanás, são vários os infernos, são como cidades criadas para cada grupo de pecado, assim diz o Senhor dos exércitos, e me mostra todas essas coisas, são revelações dolorosas e sofro muito ao passar por esses lugares das cidades de satanás, isso é o mundo espiritual que contarei com mais detalhes em um livro chamado REVELAÇÕES, que Deus me ajude a ajudar os cegos porque o Senhor Deus me mostrou ao olho nú e acordada mesmo dando um passeio pela cidade de Salvador Bahia, os espíritos maus em todas as pessoas até nas crianças e também nos animais, pois eles são usados por demônios para entrar na nossa casa através dos animais, de estimação, ventos e objetos que trazemos das ruas, eles nos espiam por todos os meios e por todas as coisas e pessoas que entram na nossa casa, pelas flechas das portas e janelas e até na privada e ralos de esgotos estão eles, "teve brecha eles estão lá", por isso peço que ofereça tudo que entra na sua casa para Deus e veja para quem você dar suas coisas usadas pois o mal pode ser colocado em você através de roupas, e comidas, fotos, até as compras dos mercados orem nelas, pois tem dono de mercado que oferece tudo para satanás no oculto e no profundo, para obter mais lucro e sucesso nas vendas. Então não te custa nada orar nas compras e pedir a benção a Deus, pois você pode abençoar tudo e a todos, sem se preocupar com o tamanho da sua fé, abençoe sua casa, seus filhos, seu marido, sua família e todos, que encontrar pela frente, se for um filho de satanás não se preocupe porque a ultima palavra de benção é a de Deus, e os filhos de satanás já são amaldiçoados por ele, isso é certo, mais como Deus é misericordioso se eles se voltarem para ele, Deus o perdoará, por isso ainda dá tempo, parem de adorar as imagens e a satanás, as imagens são as bestas de satanás e é dai que vai sair o falso profeta, dos adoradores de imagens, satanás e eles são um só. Satanás tem as bestas, os demônios, os heres "espíritos dos mortos perdidos no mundo espirituais", os orixás e seus adébitos, Deus tem, Jesus, os anjos, os arcanjos, o Espirito santo e a nós os seus seguidores. Sabendo você que herer somos nós, quando morremos sem aceitar a Jesus, Isso é muito ruim. Deus me mostrou que todos aqueles que não aceitaram a Jesus ainda, estão mortos para Deus, eu fiquei apavorada de ver todos como se fosse um morto vivo andando pelas ruas de Salvador, como "zumbis", eu pensava que eu que estava morta, foi apavorante ver isso em vocês meus irmãos e não pensem que os crentes também não estão inclusos nisso não, pois eu vi em muitos o mesmo que vi nos que não passaram para a lei de Deus. Essa visão foi comigo acordada a caminho da igreja, eu pensava que eu estivesse louca mesmo, mais Deus me dizia que não e me explicava tudo. Isso era o coração das pessoas cheias de malícias e maldades, um para com o outro, por isso digo ame seus irmãos e cuide um do outro porque Deus é justo e Santo, lá no céu não entra impuro, peça a Jesus para lhe limpar e ande nos caminhos dele, "JESUS", esqueçam bens materiais e busquem o Espirito Santo, pois vamos precisar muito dele na hora do grande aperto espiritual, que Deus vai mandar a terra dos viventes. Se vocês não tiverem o seu Espirito Santo, vão enlouquecer ou até se matar e aqueles que não tem coragem para se matar vão pedir para morrer e não vão morrer, isso não vai ser no fim do fim não, vai ser antes do apocalipse, é um conserto que Deus vai fazer para nós se chegar até ele. Não vai por amor, vai pela dor, meu irmão. Se preparem orem e peça a Deus o discernimento espiritual para senti essa verdade em vós, até aqui escreveu o Espirito que mora em mim, que é o Espirito de Deus. Foi o que ele me enviou no monte do Stiep, tenho o manifestar dele 24hs por dia até dormindo ele me auxilia e me protege, trazendo-me dos muitos mundo que vou. Unja com o óleo da unção sua casa e tudo que é seu e peça a proteção a Deus pai, a Jesus filho e ao Espirito Santo. Amém? Ontem eu tive até que ir ao hospital porque Daniel achou que eu precisasse de remédios fortes, eu sei que estou com os três: Pai, Filho e Espirito Santo, foi horrível ir para hospital de doidos pois eles estão todos vivendo como vegetais porque as famílias os abandonam lá, para entupiram de remédios. Jesus que se chama o espirito de codinome Emmanuel que é Jesus, estava comigo e Deus também, eles desceram por me e por vocês todos, porque não podem mim ver assim triste sem poder fazer nada pelos meus irmãos, eu intercedo é o que posso fazer por vocês e por mim. Mais hoje em dia, agora é a era Jesus, Deus e de quebra eu Rosen Carvalho, foi uma aliança forte que fiz com eles, "um pacto". Ontem eu tive quer ir tomar mais uma vez, o remédio, me deram uma injeção, de louca mesmo ele sabendo que estou só fazendo a vontade de Deus, eles passaram os remédios e é isso que eles querem, me entupir de remédios, eu aceito calada pois não posso discutir se não eles me deixam lá internada no hospital de doido de verdade , pois esse é pelo o sus, e lá a coisa é diferente dos particulares que eu ia. Me mandaram voltar para casa graças a Deus e Jesus e ele estava o tempo todo me ajudando, no efeito daquela injeção, Daniel fez uma aliança de compromisso com nós três: o pai Deus, o Espirito Santo, e Jesus o filho, e agora só porque teve que voltar para me levar para o hospital estar me xingando toda e me maltratando toda até falou com minha família e a família dele que vai se separar de mim. Eu estou desse jeito não por querer, mais porque Deus quis, amem. Finalmente eu conheci a igreja chamada Maranata e gostei muito, lá tem o mover do Espirito Santo de Deus, ontem eu fui mais uma vez em uma da Batista e fui maltratada pelo o dono que é o pastor de lá, só porque Deus mandou eu levar uma oferta de uma flor no altar então eu cheguei lá e coloquei-a no altar dele, e ele veio até a mim e me falou que não aceita que coloque nada lá pois ele é a hierarquia maior da igreja e é o dono de lá, Eu expliquei que era uma intercessão que Deus mandou eu fazer, e que eu só estava cumprindo ordem de Deus e a flor era para Deus, ele simplesmente jogou a flor no lixo e disse que lá não precisava de minha intercessão e jogou-a no lixo, na saída Deus me disse para pegar a flor de volta e eu nem sabia que ele tinha jogado no lixo, então fui eu catar a flor de Deus no lixo. Deus mandou eu ir lá novamente, e eu vou obedecer de novo, não sei o que vai ser dessa vez mais vou lá né! Amém é meu trabalho.

Daniel até hoje não tirou a carteira de motorista e Deus fez ele cair de uma altura de 4 metros e ficou vivo só furou a cabeça, mais no mesmo dia estava em casa e ele não vê meu trabalho de intercessão, pois pedir a Deus só um corretivo para vê se ele iria ser crente e até hoje ele não foi. Deus mandou eu separar dele não abençoa mais nós dois, pois eu tenho que me santificar e ele só atrapalha minha vida com Jesus. Eu pago um preço alto aqui mesmo em casa nas orações, de joelho no chão sangrando e com muita dor até eu pedir ao Espirito Santo para parar que não aguento mais de tanta dor, eu intercedo pelos pecados do mundo a cada ação ruim que vem sobre mim, foi uma aliança que fiz com Deus de me condoer junto aos irmãos das igrejas principalmente, e com os outros.   Eu sou uma das quebras de maldições e só assim serão quebradas, com jejuns e orações, no sofrimento, não no oba, oba, como muito pastor fica, eu só falto desmaiar, e só não desmaio porque o Espirito Santo de Deus não deixa, ele sabe os meus limites, amém! O Senhor Deus já tinha me feito sonhar com uma visita ao centro de recuperação do pastor Isidório e eu pela segunda vez recebi o convite do nada, pois é meu chamado, para trabalhar na libertação de pessoas dependentes de drogas ou algo parecido. Eu fui em uma igreja que nunca tinha ido, e eles tinham já um programa de meses atrás, e eu nem faço parte dessa igreja e pedir o pastor de lá e ele me aceitou na hora, então fui eu mais uma vez com os irmãos que não conheço e só e o Espirito santo de Deus a me guiar, foi tudo certo, lá foi ótimo e os irmãos me acolheram muito bem. Hoje cheguei de Isidório e já fui para uma outra igreja interceder, rodei a Boca do Rio toda e nada de achar igreja aberta, parece que pegou o mesmo mal do bairro da Paz, que nada abre lá no dia de sábado. Então guiada pelo o Espirito fui andando sem saber para onde, daí vi uma irmã toda alegre e perguntei se eu poderia lhe seguir até a igreja dela, ela disse que sim e foi um trabalhar de Deus, pois as pessoas recebem muitos espíritos e ficam jogados se tremendo no chão e sei que isso não é certo, muita gente ao mesmo tempo se manifestando terrivelmente, eu fui interceder por elas e ajudar as outras irmãs da igrejas na autoridade do que estar em me que é o Espirito Santo de Deus e de Jesus, foi horrível hoje vê tanta gente no chão se manifestando, até duas meninas de uns oito anos estavam lá no chão e ficaram apavoradas e chorando depois. Eu já sou acostumada na igreja pentecostal, mais tantas assim não. Tudo bem eu deixei o Espirito Santo trabalhar e o que ele fazia era acalmar o que estavam neles e eles levantavam, amém. Eu não me manifestei só as mãos e os pés. Foi bem simples para mim, fazer esse trabalho, amanhã eu vou novamente, vamos vê o que vai dá né? Cheguei lá para a intercessão fui tudo simples sem muita gente no chão. Ontem dia 25.09.18, eu encontrei meu amigo e irmão em Jesus e ele me convidou a ir conhecer a igreja que ele frequenta que é a Quadrangular eu nunca tinha ido, lá também tem célula como a da Batista, aliás meu irmão disse que foi a igreja dele que criou as células que é uma reunião em casa com as almas desarrebanhadas, e ontem o Espirito santo me fez ir naquela igreja da Batista novamente para vê o tratamento deles, pois o dono da igreja não gostou porque o Espirito santo colocou uma flor no púbito deles para a intercessão fluir melhor, ele veio a mim com grosserias dizendo que minha intercessão não era bem vinda lá e não admitia que eu fizesse aquilo lá, eu expliquei que eu estava intercedendo por lá, mesmo assim ele me falou isso, então fui lá me humilhar mais uma vez e eles disseram que não ia ter culto só uma reunião, todo mundo entrando e eu fui barrada no portão, essa já é outra da Boca do Rio, outro pastor, o Espirito santo quer que eu vá lá novamente a ultima vez, e eu vou estou com Jesus e vou mesmo. Hoje vou com meu irmão participar da célula dele, eu digo da igreja quadrangular que eles não batem palmas para Jesus e sim para eles mesmos e por isso quem estar em mim, não gostou disso de lá, eles gostam de si aparecer demais, e isso o Espirito Santo não aprova, pois como é a música: que ele cresça e que eu diminua.

Desculpas aos ofendidos, sinto muito dizer, meu reinado não vai ser de flores sem espinhos, vai ter perfume e vai feder muito, isso é nosso mundo,

enquanto tiver água tomamos banhos e limpamos tudo, se limpe o máximo e tire o espirito das imundícies desse mundo de você. Se cuide, te amo em Jesus.

Agora me responda, aonde e em que igreja você se sente melhor?

1. Dentro de você?   2. Na católica de onde viemos? 3. Em outra igreja? MILAGRES! PROMESSAS! EU! VOCÊ! IGREJAS! QUEM VALE MAIS? O que está e permanece virgem e puro no seu coração? Quem vale mais você e sua fé no poderoso Jesus? Ou igrejas que expulsam os mendigos sujos, Os bêbados dizendo que são demônios, as prostitutas com roupas indecentes e os drogados com a cabeça feita em estado de calamidade? Quem tem Jesus acolhi estas pessoas, cura e liberta, sem assusta-las ou constrangê-las, "tem muitas igrejas que estão enganadas e são como uma panelinha, só entra eles mesmos, são pastores deles mesmos, "cadê o trabalho social, o cuidado com as viúvas, os órfãos e os pobres de maneira em geral, cadê"? Quem tem Jesus e trabalha com o Espírito Santo de Deus, não discrimina ninguém, porque a igreja é um hospital.   Então veja aonde realmente estão os filhos de Deus! Os anjos de Deus! Os enviados de

Deus! Olhe no que dá esmolas, olhe no que oferece ajuda sem nojo... Olhe nos que te abraçam! Olhe nos que te beijam! Olhe nos que se preocupam em te dar informação na rua, olhe nos que te passam mensagem positivas, olhe por favor... Eles são os que te interessa, os que deve olhar, os que deve amar e seguir o mesmo exemplo deles, e saibam pelo o amor de Deus que é o grande Senhor da terra, do céu e do mar. Que nessas pessoas existem não seres trevosos, mas seres iluminados que Deus mandou para te ajudar! E você que diz ser filho de Deus! E só prega, prega, prega e não recolhem nem se quer um desses miseráveis para ajudar a salvar a alma. TODOS NÓS SOMOS FILHOS DE DEUS! E Jesus nos salvou, quando derramou seu sangue por nós, já sabemos, porque somos filhos e irmãos! Só basta ajuda-los a seguir o caminho certo, que é o que o próprio Jesus ensinou (O AMOR). CADÊ VOCÊS? QUE SE DIZEM TER O ESPÍRITO SANTO DE DEUS! CADÊ VOCÊS? ESTAMOS ESPERANDO! CONTINUO ORANDO E VIGIANDO E CHEIA DO ESPIRITO SANTO DE DEUS... E NO DIA QUE ELE **QUISER** QUE EU ABRA UMA IGREJA EU ABRIREI, SÓ PARA RECOLHER ESSAS PESSOAS PERDIDAS, NÃO SOU PASTORA, MAS PROFETISA DE DEUS ÚNICO, AGORA MINHAS OFERTAS SÃO

PURAS DE CORAÇÃO, AMO AJUDAR AS OBRAS DE DEUS E AS PESSOAS. QUERO TRABALHAR IRMÃO, "GRATIS". O SALÁRIO DEUS JÁ ME PAGA, AMÉM.

CONTINUO ORANDO

Agradecimento

Agradeço primeiramente a Deus, o meu feitor, e a meus pais pela minha existência, e a todos os pastores que oraram em minha cabeça, me ungindo e me trazendo a certeza do existir do Espírito santo de Deus, que nunca foi um pombo, ELE É UM ANJO LINDO. SE EU MORRER HOJE, MORRO COM DEUS.